INDICS 工业互联网平台系列培训教程

企业大脑应用教程

黄长波　编著

科学出版社

北京

内 容 简 介

本书主要介绍企业大脑产品设计的初衷、产品研发路径及使用方法，以及在智能社会的前提下，企业如何依靠大数据、人工智能等先进技术，打破企业信息孤岛，运用人工智能辅助企业决策，实现数字化转型。

本书重点从企业经营发展、企业风险管控、企业健康运营、企业科技创新和企业可持续发展五大方面，通过同行业指数对比、大数据分析、决策分析等服务及应用，面向企业决策层管理者提供决策建议，解决企业管理层和执行层所共同关注的核心问题。

本书主要面向工业互联网行业企业决策者、工业企业内部的管理者、为工业企业提供服务的机构和个人，以及从事人工智能相关领域教育培训的团体及个人。

图书在版编目（CIP）数据

企业大脑应用教程/黄长波编著. —北京：科学出版社，2020.6
（INDICS 工业互联网平台系列培训教程）
ISBN 978-7-03-064256-1

Ⅰ. ①企… Ⅱ. ①黄… Ⅲ. ①互联网络－应用－制造工业－应用软件－技术培训－教材 Ⅳ. ①F407.4-39

中国版本图书馆 CIP 数据核字（2020）第 017836 号

责任编辑：刘 博 霍明亮 / 责任校对：王 瑞
责任印制：张 伟 / 封面设计：迷底书装

科学出版社 出版
北京东黄城根北街16号
邮政编码：100717
http://www.sciencep.com

北京建宏印刷有限公司 印刷
科学出版社发行 各地新华书店经销

*

2020年6月第 一 版 开本：720×1000 1/16
2020年6月第一次印刷 印张：11 1/2
字数：235 000

定价：68.00元
（如有印装质量问题，我社负责调换）

"INDICS 工业互联网平台系列培训教程"
编委会

主　任：高红卫
副主任：陈国瑛　谢良贵　於　亮　柴旭东
成　员：蒲洪涛　张洪毅　张　萍　贝宇红　祝守宇
　　　　王丽娜　徐　汕　郝新宁　潘旭峰　李国栋
　　　　钟　楠　刘永进　金　鑫　韩学东　孙博雅
　　　　纪丰伟　陈海波　李云鹏　刘　强　向迎春
　　　　邹　萍　周力力　黄长波　林　林　刘　芳
　　　　马冬梅

赋能工业企业　　智享云端资源

——"INDICS 工业互联网平台系列培训教程"序

习近平总书记在党的十九大报告中指出，要"加快建设制造强国，加快发展先进制造业，推动互联网、大数据、人工智能和实体经济深度融合。"[①]

2019 年的政府工作报告中明确提出，要"打造工业互联网平台，拓展'智能+'，为制造业转型升级赋能"。

工业互联网理念于 2012 年由美国 GE 公司提出后，其内涵持续不断发展，目前我们对其解读为：基于泛在互联网，借助制造科学技术、人工智能技术、信息通信科学技术及制造应用领域专业技术 4 类技术深度融合，将制造全系统及其全生命周期活动中的人、产品、资源、数据、能力、智能认知/分析/决策/执行系统等智能地连接在一起，构成人、信息空间与物理空间集成、融合的智能互联制造系统，促进制造全生命周期活动中制造模式、手段、业态的创新，从而大大提高制造业的创新制造能力和服务能力，进而实现制造业的再革命。

近年来的实践表明，工业互联网作为新一代互联网、大数据、人工智能技术与制造业深度融合的产物，已日益成为新工业革命的关键支撑，对未来工业发展正产生着全方位、深层次、革命性影响。当前，工业互联网的实践正从其局部突破的初级阶段发展到垂直深耕、跨行业、跨领域体系/全局实践的阶段，随着发展日益深化，工业互联网赋能工业未来的蓝图正在徐徐展开。

2015 年以来，中国航天科工集团航天云网公司积极响应国家制造强国发展战略，并结合航天科工集团数字化转型升级发展的内生需求，整合了航天科工集团在智能制造与仿真、网络安全与自主可控、军民产业链融通等方面的优势，基于先进云制造理论与技术体系，打造了世界首批、我国首个工业互联网平台——INDICS(industrial internet cloud space)平台，并坚持以"信息互通、资源共享、能力协同、开放合作、互利共赢"为核心发展理念，按照"重战略、双驱动，重研发、强核心，重特色、创口碑，重扎根、接地气，重协同、不烧钱"的总体原则，致力于在工业互联网领域为客户提供有竞争力的、安全可信赖的产品、解决方案与服务，先后面向全球发布了实现工业互联网的 INDICS 平台及云制造支持系统(cloud manufacturing support system，CMSS)——"一脑一舱两室两站一淘金"(企业大脑、

[①] 《人民日报》，2017 年 10 月 19 日。

企业驾驶舱、云端业务工作室、云端应用工作室、企业上云服务站、中小企业服务站、数据淘金）系统级工业应用产品，进而构建了可支持跨行业、跨领域，可连接制造企业全要素、全价值链和全产业链，具有智能协同云制造新模式、新手段和新业态的工业互联网系统——"航天云网"，创新地实践了中国特色工业互联网道路，为我国制造强国发展战略目标的实施做出了积极的贡献。值得指出的是，基于持续发展的 INDICS 平台和首创的"一脑一舱两室两站一淘金"系统级工业应用软件，正在为全球工业企业提供云端/边缘层的产品、能力、资源服务，进而实现智能化制造、网络化/云化协同制造、个性化/柔性化制造。

"企业大脑"可解决企业决策层关注的核心问题，为企业决策层制定战略、科学决策提供重要数据支撑，提高决策效率。"企业驾驶舱"可为企业经营层提供大数据可视化服务，并可实时提取生产、销售、产品、运营等环节数据，及时掌握管理动态，打造数据驱动型企业。"云端业务工作室"面向工业企业从业者，提供以交易为核心的一站式全流程业务服务；通过与企业自有信息系统的数据互通，实现客户到供应商业务流程的集成贯通。"云端应用工作室"通过设计研发、生产制造和运营管理的有效集成，最终形成跨单位、跨专业的数字化协同设计、协同试验和协同制造能力。"企业上云服务站"可为企业上云提供引导和路径，帮助企业设备、产线及业务快速上云，实现生产管理数据与业务数据的采集和应用，实现网络化协同制造。"中小企业服务站"汇聚线上线下优质资源，提供一站式企业服务，降低企业运营成本，激活创新潜力。"数据淘金"可为用户提供基于特定场景下的知识服务，通过人机交互，快速获取工业知识，唤醒"休眠"数据，形成知识图谱，实现数据价值最大化。

目前，"一脑一舱两室两站一淘金"系统级工业应用已经覆盖航空航天、电子信息、通用设备等十余个行业，在全国不同区域、不同企业间成功部署。

该系列培训教程对 INDICS 平台和企业大脑、企业驾驶舱、云端业务工作室、云端应用工作室、企业上云服务站、中小企业服务站、数据淘金等进行系统阐述，并对其相关工具进行介绍，具有良好的可操作性，可指导具体工作的开展。同时，培训教程中还包含广义的 INDICS 平台应用、APP 应用及开发环境介绍等内容，使读者快速入门，快速掌握工业互联网平台理论以及实践方法。

不忘初心，方得始终。期望中国航天科工集团航天云网公司将持续为研发中国工业互联网发展模式与技术手段开展创造性实践，始终聚焦客户需求，扎根企业应用，持续深化工业互联网生态体系建设，持续完善国家级工业互联网主平台，推动工业互联网建设"破壳羽化"，为中国制造业转型升级贡献"中国方案"。

李伯虎

2020 年 3 月 16 日

前　　言

随着以物联网、云计算、大数据、人工智能为代表的新一代信息技术的加速发展，全球新一轮科技革命与产业变革正在蓬勃兴起。科技革命的袭来，推动了全球产业数字化、网络化、智能化的变革，加速了智能社会的发展，为世界经济打造新动能、开辟新道路、扩展新边界。目前全球企业处于数字经济和实体经济的协调发展中，纷纷推出新型的企业战略，争夺企业竞争新优势，企业大脑应运而生。企业大脑以企业经营发展、企业健康经营、企业科技创新、企业风险管控、企业可持续发展为核心，运用物联网、云计算、大数据和人工智能等新一代信息技术，改变企业传统的管理、经营方式，让企业变得智能化，为企业增添智能大脑。

企业大脑是企业智能化开放创新平台，是企业一切思维活动的基础，企业大脑支配着企业的一切生命活动，是企业智力和能力的体现。随着企业数字化转型的深入，逐渐探索出的智能企业大脑，已经能够辅助企业智能决策和业务自动化，驱动业务系统的智能化升级，实现企业的个性化、定制化、精细化的生产和服务。企业大脑的成功构建是推动企业数字化转型升级的终极目标。打造上下游数据整合的价值链条，将企业业务环节和管理环节用数据连接起来，即把人、机器、数据系统连接起来。以大数据科学为基础，借助人工智能分析与计算，支撑企业每一个商业环节里的核心决策。

企业大脑是企业变革的有力推手，对促进企业转型升级，助推现代经济社会发展具有重要的意义和价值。智能时代下，企业发展面临的形势和任务发生了很大变化，企业管理者需要加强对内部信息数据的整合工作以及体系建设，从而形成企业日常的业务往来及分析工作等。企业经营管理的模式不仅要建立更加完善的企业内部数据平台，以更加模式化和系统化的平台来提升整体数据管理的工作效率，也要加强对数据和信息的搜索强度和力度，站在企业声誉的角度出发，为企业的多种营销策略制定不同的发展方向，从而更好地适应新常态下的新要求，推动企业抓住发展机遇，朝着更好方向发展，为社会经济贡献更多的积极力量。

企业大脑的建设首先要打破企业信息孤岛，实现企业基础设施的集中化和节约化。数据的价值和应用水平决定了企业大脑的准确性和运行效率。实施企业大脑，首先要对企业现有的网络架构、信息资源进行梳理分析，以便充分利用。将分散在企业内部各个职能部门的信息资源共享到云平台或者构建一体化的数据中心，将数据归一处理。此外企业大脑还需要整合企业外部的征信数据、企业所处行业的动态数据等。利用互联网、物联网、通信网、云计算、大数据、移动互联网、人工智能等新兴技术手段帮助企业实现数字化转型，打破企业内部和外部的信息资源边界。

简单的事情重复做是企业经营管理的现状。打破企业信息孤岛，构建企业数据中心，已经积累和沉淀了较多的企业经营管理的样本数据，利用人工智能技术分析企业自身的管理和服务的本质，实现人教机器。人工智能的优势在于它能模仿人类的行为习惯，让机器具备记忆力和判断力。企业经营管理中不难发现，基础会计、基础人力资源的大量工作是重复的、机械的，采用人工智能技术很容易实现模仿。人工智能时代对企业的变革并不是去繁为简，而是释放劳动力，去统筹管理整个企业的状况，更好地带动整个企业资源的进程发展。人工智能对企业经营管理模式的改变路径是清晰的，财务、技术、人力管理的改革势必会影响企业的健康经营、经营发展、科技创新、风险管控和可持续发展。

企业大脑发展的目标是实现企业的数字化转型，业务数据化，数据业务化，推进企业以客户需求为中心，以商业分析结果为导向，打通全方位、全过程、全领域的数据实时流动与共享，前、中、后台联动为客户提供更优的服务，形成数据信息闭环，让企业完成数字化转型创造商业价值。

大脑被视为生物进化的最大成就，因为它的存在支持着语言、智能和意识等人类最根本的技能。企业的进化，最终目的也是帮助企业构建一个更加智慧的大脑，通过不断地进化，让企业的管理更加共享、精准、可视和智能。

本书按照由浅入深的顺序编写，共有6章，具体编写分工如下：黄长波负责书籍整体统稿，编写第1章及第6章；熊彩阳编写第2章2.2.1节；宋青建编写第2章2.2.2节；刘艳敏编写第2章2.2.3节；张晓宇编写第2章2.2.4节；张莉编写第2章2.2.5节；张鹏浩、崔波共同编写第2章2.2.6节；赵宏宇、郭署山、张晓宇、孙彬、王毅君、王晓共同编写第3章、第4章；路雪宾、阳亚丽共同编写第5章。

最后，要感谢我的团队，感谢金鑫、韩学东、孙博雅提出的宝贵意见，正是有了你们的参与和支持，本书才更加完善。

编　者

2020年2月

目　录

第1章　INDICS 工业互联网平台 ... 1
1.1　工业互联网简介 ... 1
1.1.1　工业进化史 ... 1
1.1.2　工业互联网 ... 3
1.1.3　工业互联网平台 ... 3
1.2　INDICS 平台简介 ... 5
1.2.1　概述 ... 5
1.2.2　INDICS 平台功能 ... 6
1.2.3　云制造支撑系统 ... 8
1.3　"脑舱室站金"简介 ... 11
1.3.1　概述 ... 11
1.3.2　"脑舱室站金"的应用价值 ... 12

第2章　企业决策支持系统——企业大脑 ... 16
2.1　企业大脑应用概述 ... 16
2.1.1　企业大脑功能 ... 16
2.1.2　企业大脑应用场景 ... 17
2.1.3　目标用户 ... 18
2.1.4　企业大脑应用特点 ... 18
2.2　智能时代的基础理论 ... 19
2.2.1　智能时代的开端 ... 19
2.2.2　理解智能技术 ... 26
2.2.3　智能时代下的数字化转型 ... 37
2.2.4　智能时代下的企业变革 ... 44
2.2.5　智能时代下的企业资产 ... 48
2.2.6　智能时代下的企业系统 ... 54
2.3　产品功能 ... 73
2.3.1　数据支撑系统 ... 73
2.3.2　大脑应用系统 ... 74
2.3.3　大脑工作台 ... 77

第 3 章　企业大脑技术框架 ································ 79
　　2.3.4　四库引擎系统 ·································· 77
　　2.3.5　三池资源系统 ·································· 78
第 3 章　企业大脑技术框架 ································ 79
　3.1　技术框架概述 ···································· 79
　3.2　决策分析模型 ···································· 82
　　3.2.1　企业经营发展模型 ······························ 82
　　3.2.2　企业健康经营模型 ······························ 86
　　3.2.3　企业科技创新模型 ······························ 88
　　3.2.4　企业风险管控模型 ······························ 89
　　3.2.5　企业可持续发展模型 ···························· 90
　3.3　企业决策评价方法 ·································· 92
　　3.3.1　企业经营发展实现方法 ·························· 92
　　3.3.2　企业风险管控实现方法 ·························· 93
　　3.3.3　企业健康经营实现方法 ·························· 94
　　3.3.4　企业科技创新实现方法 ·························· 95
　　3.3.5　企业可持续发展实现方法 ························ 96

第 4 章　企业大脑业务模型 ································ 98
　4.1　企业经营发展板块 ·································· 98
　4.2　企业风险管控板块 ·································· 99
　4.3　企业健康经营板块 ·································· 100
　4.4　企业科技创新板块 ·································· 101
　4.5　企业可持续发展板块 ································ 102
　4.6　大脑工作台 ······································ 103
　4.7　数据填报 ·· 104
　4.8　行业分析 ·· 105

第 5 章　企业大脑应用环境 ································ 107
　5.1　应用环境简介 ···································· 107
　　5.1.1　系统登录 ···································· 107
　　5.1.2　企业选择和查看时间选择 ························ 111
　　5.1.3　分指标详情页 ································ 112
　　5.1.4　数据填报功能 ································ 112
　　5.1.5　数据查看说明 ································ 113
　　5.1.6　白名单管理 ·································· 114

目　录

5.1.7　企业信息配置 114
5.1.8　企业指标配置 115
5.1.9　同行业企业配置 115
5.1.10　不同行业企业配置 116

5.2　企业经营发展模块使用方法 116
5.2.1　应用首页 117
5.2.2　收入利润率 117
5.2.3　资产收益率 118
5.2.4　资产负债率 119
5.2.5　两金占流动资产比重 120
5.2.6　技术进步投入占比 121
5.2.7　全员劳动生产率 122
5.2.8　工资产出比 122
5.2.9　人均净资产 123
5.2.10　分指标详情页 124

5.3　企业风险管控模块使用方法 125
5.3.1　应用首页 126
5.3.2　企业经营能力指数 127
5.3.3　供应链健壮指数 128
5.3.4　合同践约评估 129
5.3.5　涉税信用评估 130
5.3.6　风险态势评估 131
5.3.7　企业经营特质 132
5.3.8　分指标详情页 133

5.4　企业科技创新模块使用方法 135
5.4.1　应用首页 135
5.4.2　企业科技收益指数 136
5.4.3　企业创新提升能力 137
5.4.4　企业新技术投入收益 138
5.4.5　企业创新总量 140
5.4.6　分指标详情页 141

5.5　企业健康经营模块使用方法 143
5.5.1　应用首页 143
5.5.2　企业抗风险能力 144
5.5.3　企业持续增长度 145

  5.5.4 企业态势评估指数 ……………………………………………… 146
  5.5.5 企业健康状态指数 ……………………………………………… 147
  5.5.6 分指标详情页 …………………………………………………… 148
 5.6 企业可持续发展使用方法 …………………………………………… 149
  5.6.1 应用首页 ………………………………………………………… 150
  5.6.2 企业环境影响指数 ……………………………………………… 150
  5.6.3 企业节能指数 …………………………………………………… 151
  5.6.4 企业新能源利用率 ……………………………………………… 152
  5.6.5 企业持续周转率 ………………………………………………… 153
  5.6.6 企业稳固增长指数 ……………………………………………… 154
  5.6.7 企业可持续上升指数 …………………………………………… 155
  5.6.8 经济社会贡献度 ………………………………………………… 156
  5.6.9 企业活力指数 …………………………………………………… 157
  5.6.10 分指标详情页 ………………………………………………… 158
  5.6.11 业务流程 ……………………………………………………… 159
  5.6.12 效果及意义 …………………………………………………… 160

第 6 章 企业大脑应用实例 ……………………………………………… 161
 6.1 应用场景 ……………………………………………………………… 161
 6.2 实施方案 ……………………………………………………………… 162
 6.3 预期效果 ……………………………………………………………… 163

附录 1 名词解释 …………………………………………………………… 164

附录 2 产品及专业术语 …………………………………………………… 167

参考文献 ……………………………………………………………………… 169

第 1 章　INDICS 工业互联网平台

工业互联网是人与机器、机器与机器连接的新一轮技术革命。工业互联网平台作为工业互联网的核心，是工业全要素连接的枢纽。本章主要介绍工业互联网的起源与现状，并介绍世界首批、我国首个工业互联网平台——INDICS 工业互联网平台(以下简称 INDICS 平台)，以及 INDICS 平台的核心系统级工业应用——"一脑一舱两室两站一淘金"(企业大脑、企业驾驶舱、云端业务工作室、云端应用工作室、企业上云服务站、中小企业服务站、数据淘金)。

1.1　工业互联网简介

工业互联网深刻影响着研发、生产和服务各个环节，当今工业互联网技术与应用日渐丰富，传感器互联、网关通信转换、工业应用综合集成、虚拟化技术、大规模海量数据挖掘预测等信息技术的应用呈现出更为多样的工业系统智能化特征；此外，工业互联网还影响着工业物联网的商业与管理创新进程，潜移默化地改变着产品的技术品质和生产效率。

1.1.1　工业进化史

工业发展的变革始于 18 世纪的英国，也被称为第一次工业革命。这次工业革命标志着人类社会发展史上一个全新时代的开始，拉开了整个人类社会向工业化社会转变的帷幕，工业进化史如图 1-1 所示。

1. 工业 1.0——机械化

瓦特改良了蒸汽机，开启了工业革命，实现工厂机械化。

第一次工业革命是指 18 世纪从英国发起针对生产领域的技术革命，它开创了以机器代替手工劳动的时代。此次革命以工作机的诞生开始，以蒸汽机作为动力机被广泛使用为标志。蒸汽机的改良推动了机器的普及以及大工厂制的建立，从而推动了交通运输领域的革新。这次技术革命和与之相关的社会关系的变革，称为第一次工业革命或者产业革命。

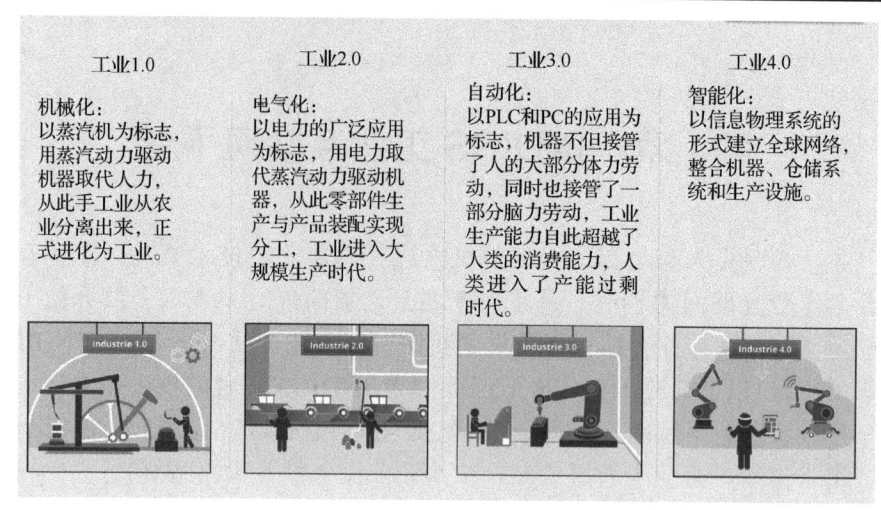

图 1-1　工业进化史

2. 工业 2.0 —— 电气化

发电机的发明，使得电器被广泛使用，人类进入了电气自动化设备的年代。

第二次工业革命是指 19 世纪中期，欧洲的一些国家和美国、日本的资产阶级革命。此次革命促进了经济的发展，出现的新兴工业，如电力工业、化学工业、石油工业和汽车工业等，都要求实行大规模的集中生产，垄断组织在这些部门中应运而生，企业的规模进一步扩大，劳动生产率进一步提高。此次革命强调电力驱动产品的大规模生产，并开创了产品批量生产的新模式，人类进入了电气时代。

3. 工业 3.0 —— 自动化

网络资讯的发展连接全球各地，各种精密机器的发明大幅提升了生产的效率与品质。

第三次工业革命始于 20 世纪四五十年代，电子与信息技术的广泛应用，使得制造过程不断实现自动化，是人类文明史上继蒸汽技术革命和电力技术革命之后科技领域里的又一次重大飞跃。第三次工业革命以原子能、电子计算机、空间技术和生物工程的发明与应用为主要标志，是涉及信息技术、新能源技术、新材料技术、生物技术、空间技术和海洋技术等诸多技术的一场信息控制技术革命，不仅极大地推动了人类社会经济、政治、文化领域的变革，而且影响了人类的生活方式和思维方式。随着科技的不断进步，人类的衣食住行用等日常生活的各个方面也发生了重大的变革。电子计算机的广泛应用促进了生产自动化、管理现代化、科技手段现代化和国防技术现代化，也推动了情报信息的自动化。以全球互联网络为标志的信息高速公路正在缩短人类交往的距离。

4. 工业 4.0——智能化

工业 4.0 起源于德国，核心概念是利用虚实整合系统，将制造业甚至整个产业供应链互联网化。

第四次工业革命的工业 4.0 战略于 2011 年诞生于德国，是德国联邦教研部与联邦经济技术部在 2013 年德国汉诺威工业博览会上提出的概念，其内容是将互联网、大数据、云计算、物联网等新技术与工业生产相结合，最终实现工厂智能化生产，让工厂直接与消费需求对接。工业 4.0 描绘了制造业的未来愿景，提出继蒸汽机的应用、规模化生产和电子信息技术三次工业革命后，人类将迎来以信息物理系统(cyber physical systems，CPS)为基础，以生产高度数字化、网络化、机器自组织为标志的第四次工业革命。随着物联网及服务的引入，制造业正迎来第四次工业革命，企业能以 CPS 的形式建立全球网络，整合其机器、仓储系统和生产设施。

1.1.2 工业互联网

工业互联网是通过人、机、物的全面互联，全要素、全产业链、全价值链的全面连接，对各类数据进行采集、传输、分析并形成智能反馈，推动形成全新的生产制造和服务体系，提升资源要素配置效率，充分挖掘制造装备、工艺和材料的潜能，提高企业生产效率，创造差异化的产品并提供增值服务。

工业互联网是新一代信息通信技术与工业经济深度融合的全新工业生态、关键基础设施和新型应用模式，它通过新一代信息通信技术建设连接工业全要素、全产业链的网络，以实现海量工业数据的实时采集、自由流转、精准分析，从而支撑业务的科学决策，实现资源的高效配置，推动制造业融合发展。工业互联网的技术与实践是全球范围内正在进行的人与机器、机器与机器连接的新一轮技术革命，并在美国、德国、中国三个制造业大国依据各自产业技术优势沿着不同的演进路径迅速扩散。工业互联网的实践是以全面互(物)联网与定制化为共性特点形成制造范式，深刻影响着研发、生产和服务等各个环节。工业互联网的内涵日渐丰富，传感器互(物)联网与综合集成、虚拟化技术、大规模海量数据挖掘预测等信息技术应用呈现出更为多样化的工业系统智能化特征。基于工业互联网的商业与管理创新所集聚形成的产业生态将构建新型的生产组织方式，也将改变产品的技术品质和生产效率，进而从根本上颠覆制造业的发展模式和进程。

1.1.3 工业互联网平台

从技术角度来看，网络、平台及安全是构成工业互联网的三大体系，其中网络是基础，平台是核心，安全是保障。

工业互联网平台作为工业互联网的核心，是面向制造业数字化、网络化、智能化需求，构建基于海量数据采集、汇聚、分析的服务体系，支撑制造资源泛在连接、弹性供给、高效配置的载体，是工业全要素连接的枢纽。

美国和德国等国家的先进企业正在以工业互联网平台为竞争点，在全球范围内扩张，工业互联网平台成为国内外先进企业抢占全球制造业主导权的必争之地。

基于各国工业体系与基础环境不同，全球工业互联网建设形成了三种范式。德国采取自下而上的模式，以完善的信息物理系统为基础，从设备的智能化开始，逐步向上延伸到生产线智能化、车间智能化、工厂智能化，最终通过打造智能制造平台逐步实现工业 4.0 的目标。美国采取由中间向两端全产业链延伸的模式，在基本实现智能制造的垂直配套体系之中，以线下全球协同制造分工布局为基础，打造全球化线上协同制造与协同售后服务平台，继续保持全球制造业垂直分工体系的主导地位。中国采取自上而下逐步深化的模式，在绝大部分企业不具备智能制造能力，企业的运营流程尚未完成信息化改造，且短时间内不可能完成智能化改造和信息化改造的前提下，从云制造生产方式变革入手，在渐进开展制造能力智能化改造和企业运营流程信息化改造过程中，同步开展企业制度的调整与变革，最终实现从云制造到协同制造、从协同制造到智能制造的逆袭。

中国航天科工集团有限公司的 INDICS 平台选择的就是第三种范式，即首先搭建工业领域公共云平台，从打造云制造产业集群生态起步，先把分散在全国各个角落市场主体的资源配置与业务流程优化工作放在中心地位，配合中国制造业的群体转型，重点服务中小微企业生产方式转变，以及企业组织结构和企业制度变革的需求，从云端企业"省钱、赚钱、生钱"三个层次逐步递进，着力打造云制造产业集群生态。INDICS 平台上线 4 年后交出的答卷，初步验证了具有中国特色、自上而下逐步深化工业互联网发展路径的现实合理性。INDICS 平台模式，既是通过"智能+"为中国制造业高质量发展和转型升级"赋能"的"航天方案"，也是为国际工业互联网建设贡献的"中国方案"。

我国政府高度重视工业互联网平台的发展，倡导工业企业云上发展，国务院印发的《关于深化"互联网+先进制造业"发展工业互联网的指导意见》也提出了到 2020 年，推动 30 万家企业应用工业互联网平台，到 2025 年，实现百万家企业上云的具体任务目标。工业企业认识到未来云化发展趋势及带来的好处，纷纷将生产数据、信息系统等迁移到云上，逐步形成平台化发展。

目前，国内外主流的工业互联网平台见表 1-1。

表 1-1 国内外主流的工业互联网平台

序号	平台名称	企业	主要描述
1	Predix 平台	GE	Predix 平台的四大核心功能是链接资产的安全监控、工业数据管理、工业数据分析、云技术应用和移动性; 平台架构共分为三层,分别为边缘连接层、基础设施层和应用服务层
2	MindSphere 平台	西门子	基于云的开放式物联网操作系统; 对于工业设备的数据采集,西门子提供了一个 MindConnect 的工具盒子,可以让设备轻松入网
3	Ability 平台	ABB	"边缘计算+云"架构; 边缘设备负责工业设备的接入,对关键设备的参数、值和属性进行数据采集,由边缘计算服务进行数据的处理和展现,最上层的云平台对工业性能进行高级优化和分析
4	INDICS 平台	航天云网	INDICS 平台通过高效整合和共享国内外高、中、低端产业要素与优质资源,以资源虚拟化、能力服务化的云制造为核心业务模式,以提供覆盖产业链全过程和要素的生产性服务为主线,构建"线上与线下相结合、制造与服务相结合、创新与创业相结合",适应互联网新业态的云端生态
5	根云平台	树根互联	根云平台主要基于三一重工股份有限公司在装备制造及远程运维领域的经验,由 OT 层向 IT 层延伸构建平台,重点面向设备健康管理,提供端到端工业互联网解决方案和服务; 主要具备智能物联、大数据和云计算、SaaS 应用和解决方案三方面功能
6	COSMOPlat 平台	海尔	COSMOPlat 平台共分为资源层、平台层、应用层和模式层; COSMOPlat 平台已打通交互定制、开放研发、数字营销、模块采购、智能生产、智慧物流、智慧服务等业务环节,通过智能化系统使用户持续、深度参与到产品设计研发、生产制造、物流配送、迭代升级等环节,满足用户个性化定制需求

1.2 INDICS 平台简介

中国航天科工集团有限公司依托多年来在先进制造业和信息技术产业的雄厚实力,倾力打造世界首批、中国首个工业互联网平台——INDICS 平台。2015 年 5 月,中国航天科工集团有限公司成立航天云网科技发展有限责任公司;2017 年 6 月,航天云网科技发展有限责任公司打造的 INDICS 平台面向全球正式发布。

1.2.1 概述

1. 云制造的内涵

云制造是一种基于泛在网络,借助新兴制造技术、新兴信息技术、智能科学技术及制造应用领域技术 4 类技术深度融合的数字化、网络化、智能化技术手段。制造云构成了以用户为中心的制造资源与能力的服务云(网),使用户通过智能终端及制造云服务平台能随时随地按需获取制造资源与能力,对制造全系统、全生命周期活动(产业链)中的人—机—物—环境—信息进行自主智能的感知、互联、协同、学习、分析、认知、决策、控制与执行,促使制造全系统及全生命周期活动中的人/组织、经营管理、技术/设备(三要素)及信息流、物流、资金流、知识流、服务流(五流)集成优化;构成一种基于泛在网络,以用户为中心,人机物融合,互联化、服务化、协同化、个性化(定制化)、柔性化、社会化的智能制造新模式(云制造范式),进而高效、优质、节省、绿色、柔性地制造产品和服务用户,提高企业(集团)的市场竞争能力的新型制造模式。

2. INDICS 平台与云制造

INDICS 平台以云制造为核心,以生产性服务为主的综合服务为依托,采用开放的技术体系、开放的商业模式与低成本高效的管控体系,形成可复制、可移植的顶级现代服务业运行体制与机制,优化整合国内外资源,形成产业发展的社会化大平台,以实现"企业有组织、资源无边界""不求所有、但求所用"的目标。

3. INDICS 平台内涵

INDICS 是以区块链、边缘计算、大数据智能、新一代人工智能技术等为核心的工业互联网开放空间,面向全球开发者、设备制造商和集成商以及合作伙伴提供全生命周期工业应用的开发、部署和运行环境。INDICS 平台作为一种提供跨行业、跨领域、跨地域的产品全生命周期、全产业链的工业操作系统,可实现对工业设备、工业服务和工业产品的感知与物联、共享与协同、学习与决策、控制与调度,全面支撑智能制造、协同制造、云制造等新型制造模型和生态。

1.2.2 INDICS 平台功能

INDICS 平台基础架构及功能模块采用五层结构,分别是应用层(SaaS 层)、平台服务层(PaaS 层)、数据服务层(DaaS 层)、基础设施服务层(IaaS 层)和工业物联网层(IIOT 层),如图 1-2 所示。

(1)应用层(SaaS 层):提供工业应用服务,包括精益制造、智能研发、智慧控制和以远程监控、智能诊断、售后服务、资产管理为核心的智慧服务等制造全产业链的工业应用服务功能。

第1章 INDICS 工业互联网平台

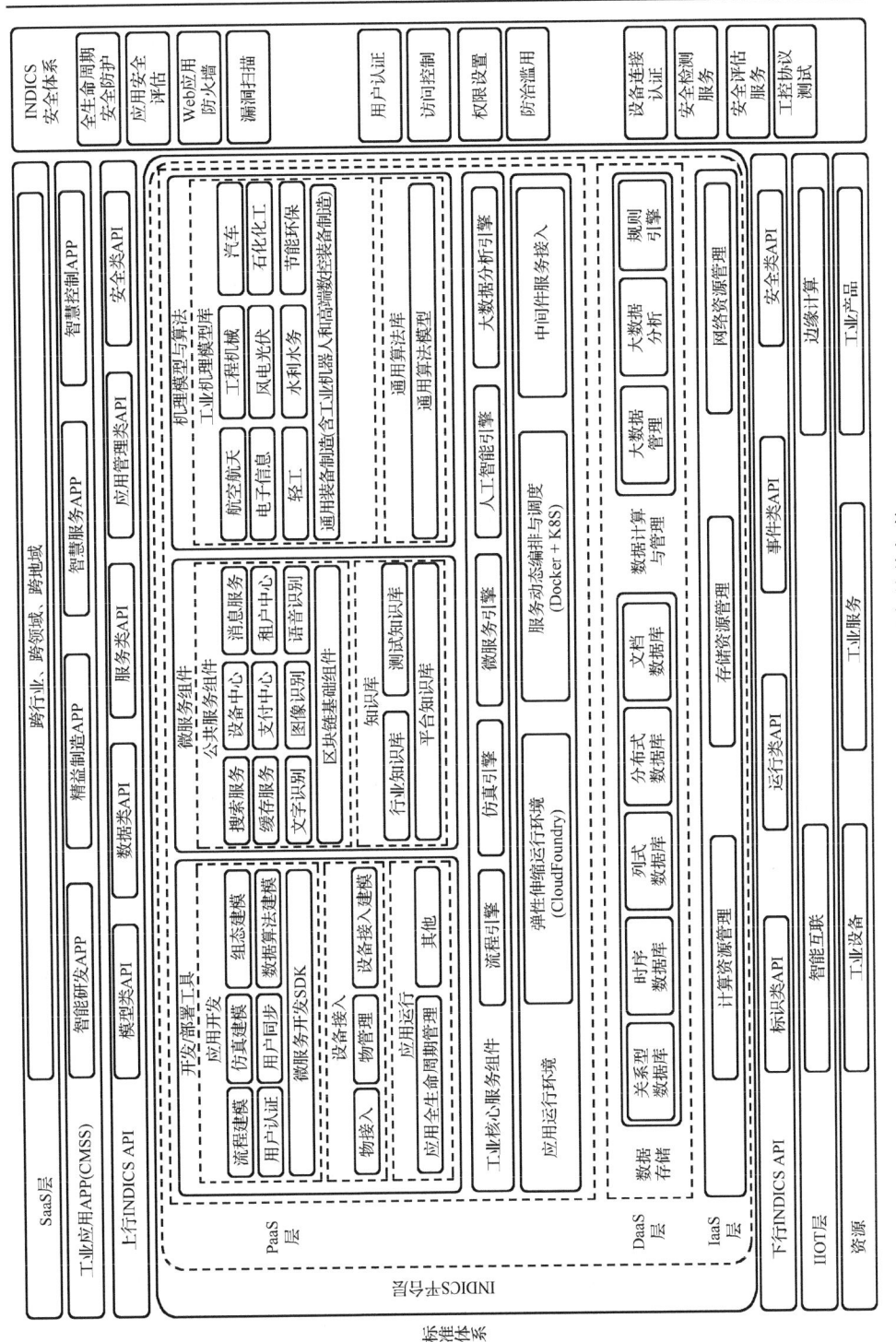

图 1-2 INDICS 平台总体架构

(2) 平台服务层(PaaS层)：以CloudFoundry基础架构作为底层支撑架构，扩展基于Docker和Kubernetes的混合容器技术，提供弹性伸缩运行环境和服务动态编排与调度功能；面向工业领域，提供微服务引擎、流程引擎、大数据分析引擎、仿真引擎和人工智能引擎等工业PaaS服务；面向开发者提供流程建模、仿真建模、组态建模、数据算法建模等工具，提供应用全生命周期管理工具，提供第三方工业互联网平台应用环境产品。

(3) 数据服务层(DaaS层)：提供Hadoop分布式、HBase列式、Cassandra时序等大数据存储能力以及Storm流式、Spark内存计算等大数据分析能力，助力工业大数据分析和人工智能算法业务分析。

(4) 基础设施服务层(IaaS层)：自建数据中心，将数据中心内的服务器、存储、网络和接入的制造资源进行虚拟化和服务化，从而提供云主机服务、云存储服务、云数据库服务、制造资源服务，对外提供程序应用接口(API)、控制台、命令行等形式的调用方式，为平台上的应用提供运行环境支撑、数据支撑和物联接入支撑。

(5) 工业物联网层(IIOT层)：提供智能网关INDICS EDGE、虚拟网关SDK，支持各类工业服务、工业设备和工业产品接入平台。

INDICS平台面向用户提供了包含云端应用运行工具、云端应用开发工具、云平台服务、物联网接入工具、工业互联网网关等平台工具，提供了包含企业大脑、企业驾驶舱、云端业务工作室、云端应用工作室、企业上云服务站、中小企业服务站、数据淘金等用户产品服务的云制造支撑系统体系，构建适应互联网经济业态与新型工业体系的完整生态系统，产品架构如图1-3所示。

1.2.3　云制造支撑系统

云制造支撑系统(cloud manufacture support system，CMSS)是智能化的端到端应用集成与服务系统，主要包括工业品营销与采购全流程服务支持系统、制造能力与生产性服务外协与协外全流程服务支持系统、企业间协同制造全流程支持系统、项目级和企业级智能制造全流程支持系统等四个方面，全面支持云制造产业生态。采用"一脑一舱两室两站一淘金"的业务界面提供用户服务。

1. CMSS发展背景

全球制造业正进入平台竞争时代，工业互联网平台正成为促进产业价值链中高端升级，建设制造强国的关键，基于平台的应用APP生态成为关键。《关于深化"互联网+先进制造业"发展工业互联网的指导意见》指出，加快工业互联网平台建设，突破数据集成、平台管理、开发工具、微服务框架、建模分析等关键技术瓶颈，形成有效支撑工业互联网平台发展的技术体系和产业体系。工业和信息化部积极推动工业互联网平台建设，大力推进工业技术软件化和百万APP工程。

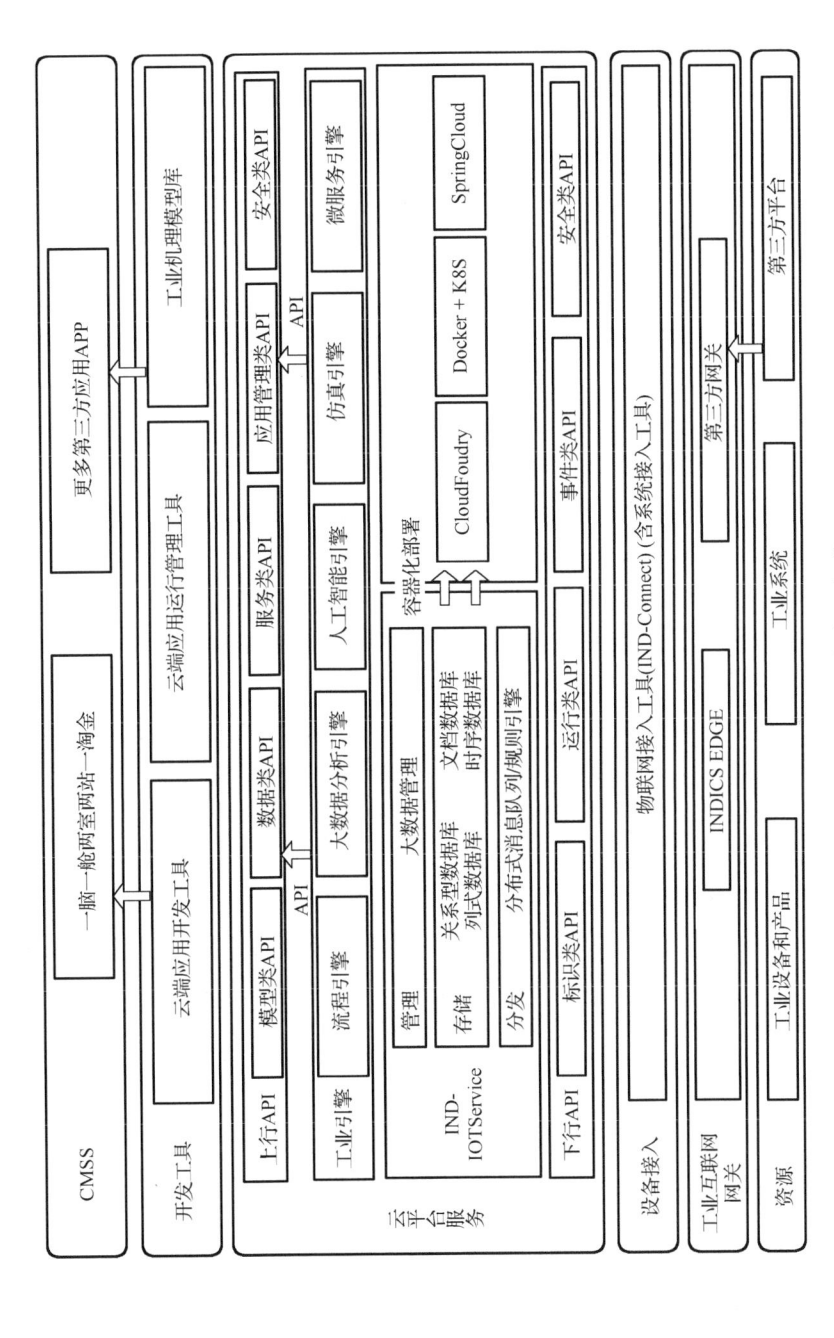

图 1-3 INDICS 平台产品架构

为深入贯彻落实以上重大举措，促进产业转型及未来企业生产经营模式升级，中国航天科工集团有限公司提出 INDICS+CMSS 发展战略，着力开展 INDICS+CMSS 体系研发，并于 2018 年正式对外发布，实现智能制造、协同制造、云制造"三类制造"发展，支撑基于软件定义的新业态体系建设。CMSS 可整合积淀的优势工业应用资源，促进制造业资源的优化配置，带动制造业产业链的重构，实现制造业转型升级。

2. CMSS 与 INDICS 平台

INDICS+CMSS 搭配，目标是构建和涵养以工业互联网为基础的云制造产业集群生态，服务于智能制造、协同制造和云制造三种现代制造形态，运用大数据和人工智能技术以及第三方商业与金融资源，促进制造业技术创新、商业模式创新与企业管理创新关联互动，推动企业转型产业升级。

CMSS 的建设目的是丰富工业应用，构建一个系统全面、开放共享、使用便捷的创新生态。由于工业场景高度复杂，行业知识千差万别，传统由少数大型企业驱动的应用创新模式难以满足海量制造企业精细化、差异化的转型需求。INDICS+CMSS 创造工业 APP 开发、部署、运行等一系列新的产业环节和价值，在工业知识高度积累、复用的基础上实现应用创新的爆发式增长，有效支撑智能化改造、协同制造和云制造等新型制造模式的实现。

INDICS 为 CMSS 提供平台支撑：对下为 CMSS 赋予设备资源管理能力，提供标识类、运行类、事件类、安全类接口服务，支持工业设备、工业产品和智能产品资源接入，在 CMSS 的设备层和产线层，支持设备控制与监控类 APP，数据驱动的设备运营类 APP，基于边缘智能的 APP 应用；对上为 CMSS 提供平台应用服务能力，为 CMSS 提供应用开发和运行所需的微服务、机理模型、建模和开发工具、公共服务组件，以及流程引擎、大数据分析引擎、人工智能引擎、微服务引擎、仿真引擎五大引擎服务和应用全生命周期管理工具，提供第三方工业互联网平台环境，支持应用的快速迁移和部署。

3. INDICS+CMSS 的用户价值

以用户为中心，打造 INDICS+CMSS 整体解决方案，实现工业服务、工业设备和工业产品的社会化集成共享、优化配置和业务协同，重塑行业边界及产业结构，实现价值链转型，构建新的制造模式和制造生态。其内在商业驱动力为 3M(省钱(to save money)、赚钱(to get money)、生钱(to make money))。

利用 INDICS+CMSS 整体解决方案，帮助企业实现快速上云，实现资源的社会化集成、配置和协同，建立体系化运作结构，形成新竞争格局和新商业盈利模式，助力制造企业进行战略转型；打破传统面向单一产品和环节的技术壁垒，重塑价值链中的研发、制造、客户服务等活动，推动价值链转型；通过对技术体系、标准体系、产业体系的重塑，构建智能制造新模式和新生态。

1.3 "脑舱室站金"简介

1.3.1 概述

INDICS 平台"一脑一舱两室两站一淘金"系统是将企业发展战略转化落地的基本模式，通过对业务场景、用户需求、分工界面、组织结构等方面的内容实现规范化、标准化处理，形成统一的可复制推广的总体架构模式，进一步延伸至平台其他产品，形成统一架构的工业应用集成环境，指导平台产品建设，拓展第三方工业应用资源合作。

INDICS 平台"一脑一舱两室两站一淘金"系统面向大型集团企业、中小微企业内的决策层、经营层与业务层提供三大层面上的服务。决策层主要指企业领导班子成员，负责公司战略制定、开拓与规划新业务；经营层指各部门管理中层，负责公司研发、生产、采购与销售等日常业务的日常运行；业务层由研发部门、生产部门、销售部门、采购部门、财务部门、仓库管理等其他综合支撑部门组成，负责公司具体业务执行。

"企业大脑"是指企业决策支持系统，主要服务于公司决策层，通过数据和专家系统、规则库、知识库、模型库、算法库、数据库等资源支撑企业战略管控与战略决策。

"企业驾驶舱"是指企业运行支持系统，主要服务于公司经营层，支撑企业经营管控活动，可为企业经营层提供大数据可视化服务，并可实时提取生产、销售、产品、运营等环节数据，及时掌握管理动态，打造数据驱动型企业。

"两室"主要服务于业务层，实现企业经营业务流程全覆盖。其中"云端业务工作室"是指企业交易流程支持系统，围绕企业在线采购与销售业务，打通线上合同的"对接、商签、履约、结算"业务流程和电子签章服务；打通财务、税务、物流等业务流程，可通过与企业自有信息系统的数据互通，实现客户到供应商业务流程的集成贯通，提供以交易为核心的一站式全流程业务服务。"云端应用工作室"是指企业制造过程支持系统，支撑工程类业务开展，可通过设计研发、生产制造和运营管理的有效集成，最终形成跨单位、跨专业的数字化协同设计、协同试验和协同制造能力。

"两站"主要实现企业的上云接入和服务支撑。其中"企业上云服务站"是指企业设备/业务上云服务系统，为企业上云提供引导和路径，帮助企业设备、产线及业务快速上云，帮助企业上云及智能化改造服务，实现生产管理数据与业务数据的采集和应用，实现网络化协同制造。"中小企业服务站"是指企业管理外包服务系统，给企业提供生产性、综合性服务支撑，可汇聚线上线下优质资源，提供一站式企业服务，降低企业运营成本，激活创新潜力。

"数据淘金"是指基于数据价值挖掘的知识服务系统，服务于所有企业内部角色，基于平台数据，面向企业和生态伙伴（数据增值服务商）提供增值服务。

航天云网"一脑一舱两室两站一淘金"系统架构图如图1-4所示。

1.3.2 "脑舱室站金"的应用价值

"一脑一舱两室两站一淘金"系统级工业应用作为INDICS平台的业务界面，是云端应用的集成环境，支持满足不同行业、不同领域企业的数字化、网络化、智能化、云化需求，无须企业单独部署，利用云端应用场景集成工业APP功能体系，具备一站式、多租户的特性，同时支撑工程类业务人员、协作配套类业务人员、企业经营管理者、企业决策者等类型用户不受区域限制开展云端业务。

因此，"一脑一舱两室两站一淘金"总体架构应采用"分层-微服务"的架构方式。分层架构即满足底层数据资源到顶层应用价值实现。微服务架构以面对不同种类客户、不同行业领域业务工作的较大差异，应具备良好的功能延展性、部署的便利性和高可定制性，实现渐进式开发或引入，以适应用户在不同阶段、不同时期的需求。

1. 平台层

基于INDICS平台提供PaaS、IaaS云架构服务，以API形式为"一脑一舱两室两站一淘金"的第三方工业应用的系统集成及业务开展提供接口。INDICS平台具有5个重要功能：①提供多源异构数据接入与管理能力，帮助企业实现数据的汇聚，为实现数据分析、建模提供支撑；②构建可靠的工业应用部署运行环境，实现海量工业应用接入；③依托大数据、人工智能等新一代技术，实现核心工业引擎，提升平台服务能力；④通过对工业大数据、工业知识、技术、经验的融合，形成机理模型、算法及微服务，供开发者调用；⑤构建开放式的环境，借助机理模型、微服务组件、应用开发工具等，帮助用户快速实现工业应用开发。随着"一脑一舱两室两站一淘金"业务活动开展的不断深化、业务流程的不断丰富，大量的业务模块按照微服务的形式下沉至平台，形成可以反复调用的微服务组件，通过业务中台的构建进一步强化平台的业务开展能力和"一脑一舱两室两站一淘金"系统级应用的可剪裁、可拓展能力。

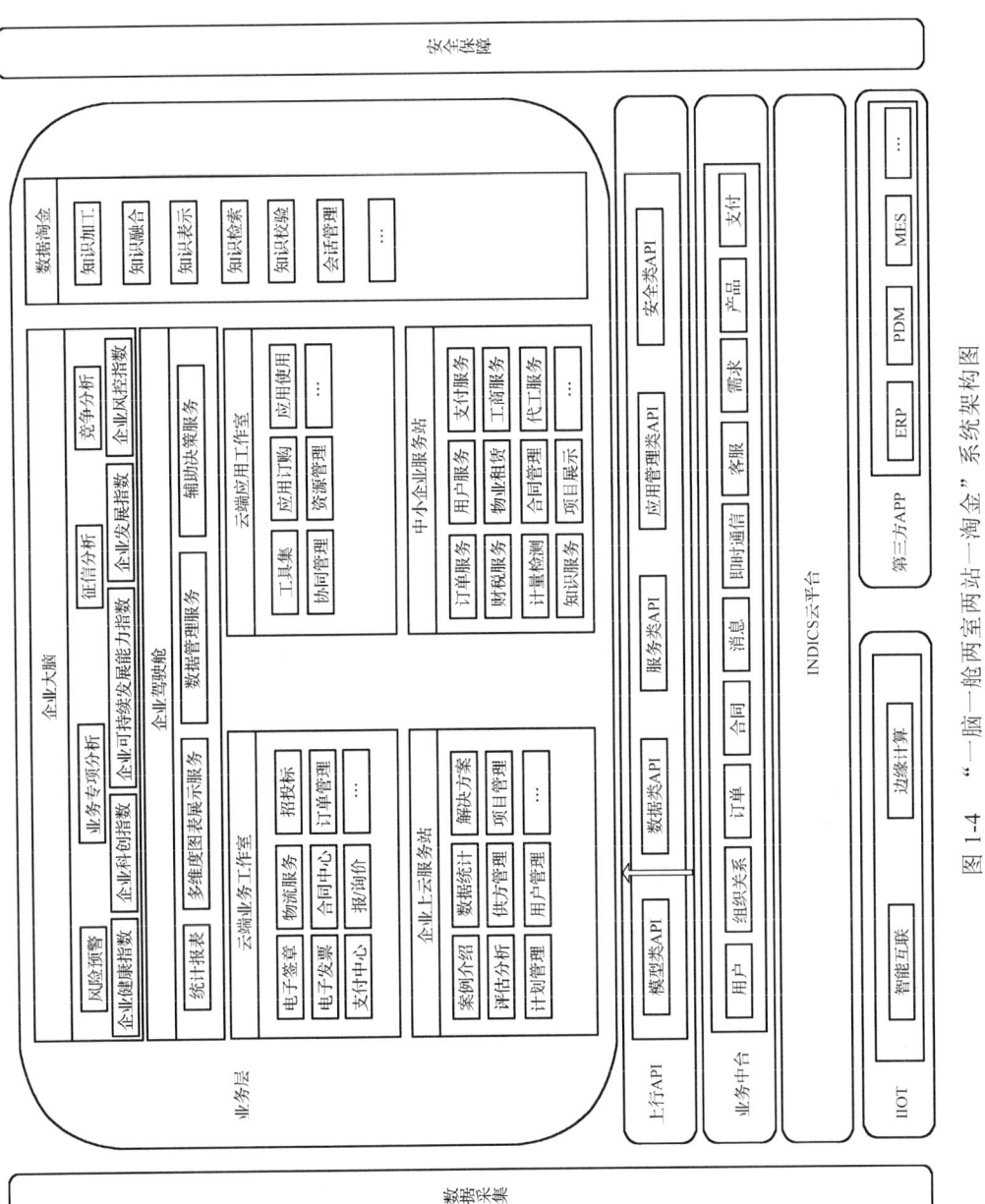

图 1-4 "一脑一舱两室两站一淘金"系统架构图

2. 业务层

业务层囊括了"一脑一舱两室两站一淘金"系统级应用的功能模块，面向不同行业、不同领域、不同地域的工业企业，为企业提供全方位、全周期、全流程的云端业务服务。

针对大中型企业决策层，通过企业大脑的功能实现了企业在经营管理中进行资源优化和整合，支持企业高层管理人员及时准确地把握和调整企业发展方向，为企业科学决策提供支撑服务。企业大脑功能主要分为五大子系统：数据支撑系统、大脑工作台、四库引擎系统、三池资源系统、大脑应用系统。数据支撑支持跨平台异构数据实时或批量传输，兼容主流的 RDBMS、NoSQL 数据库、分布式文件系统，同时可以根据其他合作厂商提供的 API 接口爬取数据。大脑工作台重点应用于企业多维度横向定性和纵向定量展示。四库引擎为企业大脑运转提供核心功能库，企业决策层可直观地认识算法库、语料库、知识库和模型库具体搭建的基础平台和基础模型，方便决策层了解企业数据库推演的理论基础。三池资源为企业大脑运转提供知识池库，包括专利池、专家池和标准池。大脑应用为决策层提供统计报表服务、数据的多维度图表展示服务、数据管理服务以及辅助决策服务等，涉及的功能场景有客户、市场、计划供应、生产质量、能源能耗、财务、人力等。

面向管理经营层，能够实现内部系统之间的数据交换，目的是实现财务系统、业务系统、办公自动化(OA)系统等数据对接。业务层与企业外第三方系统产品之间可实现数据交互和应用集成两种对接方式，前者对包括物流运输数据查询等功能提供支撑，后者将第三方的功能和服务接入应用市场中。CMSS 基础业务系统以接口形式调用业务层的数据与功能，包括需求、订单、合同、产品等数据和功能。业务层是线上线下相结合的特殊服务功能层，可以满足各类企业深度参与云制造产业集群生态建设的现实需求。

面对业务人员，通过协同空间、个人空间、资源管理、任务管理四大功能暨平台上各类 APP、资源和任务，帮助用户快速构建云端工作环境。协同空间包括工作圈管理、协同工作台等功能，与任务管理功能一起实现 IPD 协同研制模式中的核心要素，即协同团队定义、任务和目标的分解/集成，以及团队协同；个人空间包括应用订阅、应用使用、应用订单三大功能，旨在为用户提供一站式集成应用环境；资源管理包括组织人员管理、工具服务管理和应用支撑环境、工程资源库，实现人员、工具系统、知识的统一管理，以及云端和本地的协同；任务管理包括任务规划、任务看板、任务统计等功能，实现产品研制全生命周期的任务规划、任务执行、可视化管理，为任务管理提供预警提醒、决策支持。基于云端应用工作室的任务管理板块获取待办任务、消息通知等信息,通过 API 调用协同类 APP 进行企业内协同计划、协同设计、协同生产、协同仿真、协同试验等工作；调用专业类 APP 实现智慧管控、智慧研发、智能制造、智能服务；通过应用工作室的资源共享管理、工具服务管理支撑企业的云制造模式落地实施。

各企业在研发过程中,从协同制造层获取研发需求,开展设计、仿真和试验等,基于云平台通用资源板块,在云端或线下使用 CAX 工具软件,从知识库获取相关知识和标准件、元器件模型,以及开展跨企业的协同研发应用。在生产过程中,向云平台传递工艺、主计划、设备状态、生产能力等信息,开展跨企业排产和工艺仿真等应用,生成的外协、外购计划发布至协同供应链板块进行供需对接,企业针对自制计划利用云平台进行工艺仿真和产线仿真等,形成优化、合理的生产计划和节拍,基于制造执行系统(MES)下发到工业现场,利用虚拟工厂监控生产运行过程,并在生产过程及时向云平台智慧管控板块更新交货期信息,反馈质量情况。另外,针对工业现场的设备、产线和高价值装备的运行、维护需求,可利用云平台的智能服务板块,获取装备在线保障、智能资产管控、故障诊断预测等应用。

面对上云企业,通过企业上云服务站为企业提供一站式上云服务,成为企业上云工程实施抓手,支持基于云平台的智能化改造服务。通过中小企业服务站为中小微企业提供融合物业空间、政务、创业辅导、技术咨询、营销推广、科技、金融等一站式科技创新服务。

面对数据价值挖掘,数据淘金具有知识图谱、知识检索、语义识别、人机交互等功能。数据淘金接入 INDICS 平台的 DaaS 层、平台及第三方应用、专家经验等数据,通过知识抽取、知识融合、知识存储等处理过程,形成知识图谱,支持第三方合作伙伴知识库的插入,同时通过建立人工智能(AI)自学习算法,系统可以根据用户的提问、现有的数据或者知识推导出新的知识,扩充系统的知识图谱。数据淘金系统架构的重点是知识图谱模块、问题分析/语义理解模块和知识检索模块。其主要功能有 2 个：①基于工业基础词库的分词和命名实体识别；②对用户问题进行意图识别和实体抽取。意图识别是要弄清楚用户到底要问什么,如是查询故障发生次数还是查询故障原因；实体抽取是这个意图下的具体槽位值,如问句是"上个月发电机故障次数是多少",意图就是"查询故障次数",故障名称的槽位值是"发电机故障",时间的槽位值是"上个月"。通过 AI 自学习模块和关系抽取实现知识图谱的抽取。知识检索模块实现路径是首先对问题进行分类,按照用户输入的问题可分为事实型和列举型问题、定义型问题、交互式问题三类。

第 2 章 企业决策支持系统——企业大脑

企业决策支持系统(enterprise decision support system, EDSS)，俗称企业大脑。企业大脑由五大板块形成了企业决策支持系统的核心功能，解决了企业管理者层和执行层所共同关注的核心问题，以及通过企业决策支持系统深度学习实现了辅助决策能力和自学习、自解决的能力。企业大脑包括企业经营发展板块、企业风险管控板块、企业健康经营板块、企业科技创新板块和企业可持续发展板块。其中企业经营发展板块是基础，企业风险管控板块是关键，企业健康经营板块是核心，企业科技创新板块是宗旨，企业可持续发展板块是目标，共同构成了企业决策支持系统的整体功能。

2.1 企业大脑应用概述

企业大脑是 CMSS 体系中的顶层应用集合，利用企业驾驶舱的决策请求、经营状态评估和可选方案，基于流程与规则库、算法库、模型库等技术支撑，通过行业指数、大数据分析、智慧企业决策和专家智囊等服务及应用，面向企业决策层管理者提供指标、决策决议和发展规划等场景，实现决策层对企业的监管、智囊服务和自主决策，有效地提升企业管理水平。

2.1.1 企业大脑功能

企业大脑功能主要分为五大子系统，包括数据支撑系统、大脑工作台、四库引擎系统、三池资源系统、大脑应用系统。每个子系统功能需求描述如下。

(1)数据支撑系统支持跨平台异构数据实时或批量传输，兼容主流的 RDBMS、NoSQL 数据库、分布式文件系统、文件系统，同时可以根据其他合作厂商提供的 API 接口爬取数据。可视化大屏重点应用于企业多维度横向定性和纵向定量展示。

(2)大脑工作台功能主要包括服务调用、项目管理、应用编辑器、应用市场管理、权限管理和帮助中心，同时负责各系统的管理工作。

(3)四库引擎系统为企业大脑运转提供核心功能库，企业决策层可直观地认识算法库、语料库、知识库和模型库具体搭建的基础平台和基础模型，方便决策层了解企业数据库推演的理论基础。

(4)三池资源系统为企业大脑运转提供知识池库，包括专利池、专家池和标准池。

(5)大脑应用系统的主要功能包括风险预警、业务专项分析、征信分析、竞争分析、企业发展指数、企业风控指数、企业经营健康指数、企业科技创新指数、企业可持续发展能力指数。

2.1.2 企业大脑应用场景

企业大脑的应用场景逻辑图，如图 2-1 所示。

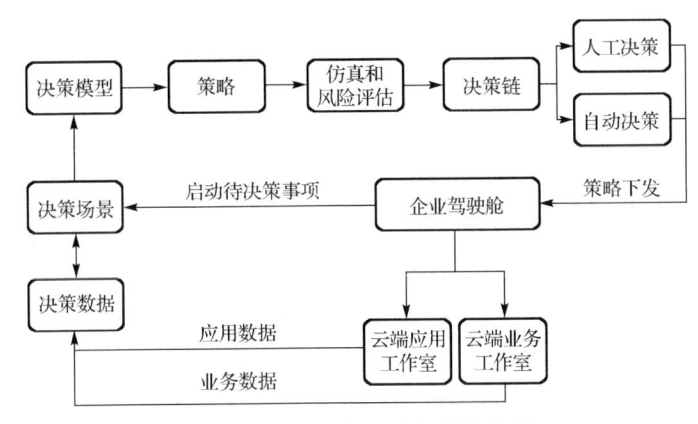

图 2-1 企业大脑应用场景逻辑图

(1)决策数据：决策数据主要来自"两室"，即云端应用工作室和云端业务工作室。云端业务工作室提供供应链、营销、财务、税务等业务数据；云端应用工作室提供智能制造、协同制造、云制造所需的 CPDM、CRP 等云制造应用数据。企业大脑根据决策场景和决策模型的要求，从"两室"中采集需要的决策数据。

(2)决策场景：根据工业企业的范围覆盖研发、生产、供应链、销售、服务、人力、固定资产、法律法规的环节。根据待决策的事项的影响可以定义为不同的决策等级，决策等级越高，对决策模型、风险评估的要求越高。

(3)决策模型：决策模型的功能是通过采集决策数据，经过计算和分析输出可执行的策略。决策模型是基于数据库、算法库、知识库，并结合资源池建立的。需要通过大数据和人工智能技术进行大量训练而实现的。决策模型是企业大脑进行决策的核心功能。

(4)策略：企业驾驶舱可以执行的方案。

(5)仿真和风险评估：根据 CPS 技术，建立虚拟的企业模型，将决策模型输出的策略在虚拟企业上仿真，输出运行的结果和风险评估，为决策链是否执行该策略提供依据。

(6)决策链：对经过仿真和风险评估的策略进行判断，如果在企业自定义的规则允许范围则自动下发给驾驶舱；如果超出允许范围，则需要导入人工决策。

(7)策略下发：将决策链允许的策略下发给企业驾驶舱执行。

2.1.3　目标用户

企业大脑的短期规划属于智能产品级范畴；中期规划随着 INDICS 平台的"一脑一舱两室两站一淘金"产品级方案的逐步丰富，企业大脑将贯穿"一舱"和"两室"以系统解决方案的方式服务于外部单一企业；长期规划随着 INDICS 平台"一脑一舱两室两站一淘金"解决方案的成熟，逐步叠加成熟的大型企业二级、三级智慧管控企业大脑的方案，为复杂企业提供智慧企业解决方案。

目前，作为企业大脑业务功能设计的初期，我们把企业大脑的业务功能聚焦到企业的日常经营状态的分析和预测上。以企业的经营成本和收入为抓手，以企业人员结构为支点，分析企业经营状态和稳定程度。用当年数据分析现状，用历史数据预测企业未来 2~3 年的情况。

企业大脑服务于决策层，主要指企业领导班子成员，负责公司战略制定、开拓与规划新业务。按照项目建设目标、建设范围、产品定位，企业大脑的目标用户分为以下三个层面。

(1)初期面向企业全级次公司决策层，实现所属的子公司试点上线，企业大脑的初期规划属于智能产品级范畴。

(2)中期面向中小微企业决策层。实现企业管理层决策分析，企业大脑的中期规划属于系统级解决方案范畴。

(3)长期面向大型企业、政府管理部门决策层。实现智慧管控企业大脑的解决方案，企业大脑的长期规划属于智慧企业和智慧政务解决方案范畴。

2.1.4　企业大脑应用特点

企业大脑应用特点主要有以下几个方面。

(1)增强战略落地效果。企业大脑对企业战略规划进行分解和细化。通过一系列量化指标使企业高层管理人员能及时、准确地把握和调整企业发展方向。并通过全面、全级次的系统连接以最快的速度落实在行动中，并保证战略实施的准确性和保密性。

(2)提升企业决策效率。企业大脑通过控制终端的信息采集和输入，显示企业综合信息、关键资源、发展趋势；市场、客户、竞争对手信息；供应商、库存、生产质量管理信息，迅速察觉顾客需求、外部环境和竞争对手的动态变化，使决策者做出及时准确的反应，提升决策效率。帮助经营管理层提高科学决策、组织协调、执行落实的能力。

(3)降低企业管理成本。企业大脑在统一数据库支持下按照规范化的处理程序进行管理和决策，提高信息透明度，保证数据的及时、准确和完整，既避免了信息的传递错误，又减少了冗长会议、见面沟通等占据的时间，改变过去那种信息不通、情况不明、盲目决策、相互矛盾的现象。从而显著地降低企业管理成本。

（4）促进资源合理调配。企业大脑从全局层面上打破了行业与业务的界限，并且能够纵向穿透公司总部、二级单位、三级单位等全级次。通过计划管理和直达现场的管理，提高工作效率，有效合理地调度配置企业资源，进一步落实目标责任制，把资源精准落实到项目、落实到一线员工，提高资源调配效率和指向性。

（5）掌控重点项目进度。企业大脑通过监控重点项目计划的实施情况，来事先察觉重点项目运行过程中的偏差，并对偏差及时做出修正，实现真正意义上的实时掌控。

2.2 智能时代的基础理论

本章主要介绍智能时代的基础理论，包括智能时代的开端、理解智能技术，以及智能时代下的数字化转型、企业变革、企业资产和企业系统。

2.2.1 智能时代的开端

新的产业格局不是自然产生的，是科技革命催生的结果，历次科技革命都会造就出一个时代的新兴产业，从蒸汽机时代到电气化时代，再到信息化时代无一例外。随着大数据技术的出现，机器解决人类智能问题已经不再是不可企及的事，全世界开始了新的一轮技术革命，即进入利用信息化技术促进产业变革的时代，也就是智能化时代。在智能化时代，不仅仅是人类生活，即使是经济竞争、政治斗争甚至军事战争都会受到影响，这些实质上可能会取决于高智力。而社会经济的发展也会受到高技术的影响，形成大大小小的经济圈。智能技术逐渐成为高质量高速度发展的新引擎、产业革新与发展的新蓝海以及经济增长的新动能，人类文明已经进入以智能产业为主导的新经济发展时期，智能时代是摆在全世界面前的新起点。

1. 智能社会的距离

在近几年召开的"中国人工智能大会"上，围绕着机器学习和模式识别、人工智能与认知科学、智能机器人等前沿命题展开了讨论。该会议指出，"人工智能发展潜力巨大，人工智能社会影响已经引起广泛关注"，会议提出了人工智能的主要特点。

（1）人工智能将成为智能化时代的关键技术。
（2）人工智能将引领第二次机器革命。

(3) 人工智能将重塑产业格局。
(4) 人工智能将对社会结构产生重大影响，人机协作和共存将成为新常态。
(5) 人工智能将促进信息技术与脑认知科学的深度交叉。
(6) 人工智能社会学将提上议事日程。

我国面临的机遇和挑战，以及国家治理体系与治理能力的现代化建设离不开智能技术的支撑。"中国制造 2025""互联网+"行动都对人工智能提出了重大需求，即发展智能产业和智慧经济需要人工智能的持续创新，智能时代离我们的距离越来越近。

在有大数据之前，计算机并不擅长解决需要人类智慧的问题，但是今天这些问题换个思路就可以解决了，其核心就是变智能问题为数据问题。我们对大数据重要性的认识不应该停留在统计、改进产品和销售，或者提供决策的支持上，而应该看到它导致了机器智能的产生。而机器一旦产生和人类类似的智能，就将对人类社会产生重大的影响。毫不夸张地讲，决定未来 20 年经济发展的关键就是大数据和由之而来的智能革命。

人类对数据的认知和探索起源已久，但是直到数据生成、保存成本极大降低的今天，人类才迎来大数据时代。大数据技术成熟的意义是可以随时随地重现历史。作为数据产生大国，中国并非大数据强国，我们离智能社会的距离还很遥远，需要继续努力。

2. 智能社会的智能化现象

人类的生活发生着巨大的变化。随着科学技术的飞速发展，各种的智能设备层出不穷，"智能手机""VR 设备""各种智能终端"，我们身上的装备是越来越先进、越来越丰富了。在"5G 网络""互联网""云计算"等新兴技术的发展下，人类的生活方式将逐渐走向"互联化，智能化"，许多曾经需要人类处理的工作将由机器来执行，人类将作为命令的发出者。

生活方面，我们不需要再做着繁杂的家务。小到智能手表、智能眼镜，大到智能单车、智能床铺、智能厨房，各种各样的智能产品指向不同的细分场景，正融入我们生活中的衣食住行，深刻地改变着我们的生活方式。就算出门后，家中也像一个精确的机器一样自行运转，只需一部手机就可以远程操作家中的一切。回家前，可以提前准备晚餐，提前打开空调，提前打开灯等，一切都变得如此便捷、舒适。

学习方面，将来学习也许已经不用再去学校了，人类自带的移动设备及各种虚拟设备可以帮助我们更好地学习。通过佩戴虚拟 AR 设备，直接将各种知识传输到我们的听觉、视觉甚至是嗅觉、触觉等感官层面,以达到身临其境的效果。不必再拘泥于学习的场所和时间,随时随地都可以学习。

工作方面,很多公司的生产都已经进入了自动化的生产模式,公司的大部分生产和管理工作都已经由机器人自动完成,人类已经不必聚集在一个公司中办公,相关工作也许在家中或其他地方就可以远程操作完成,公司只需少部分人进行看管就可以了。人类将更多的是从事一些富有创造性的工作。人类根据自己的兴趣爱好进行不断学习,结合人类自己的智慧和主观能动性为世界创造出更多新鲜的事物,不断地创新,推动着整个社会的进步。

人工智能是一项技术,是一种认识和思考世界的方式,是我们为未来确定的一种生活方式。这不是简单技术的改变,是生产力、生产关系、生产资料的改变。未来,数据将会是生产资料,计算是生产力,互联网是生产关系。这次技术革命带来的变化远远超过我们的想象,未来30年,智能技术将改变传统制造业、服务业,改变教育、医疗,我们的生活会被数据、计算所改变。人类将迎来智能社会的时代,智能化将融入社会的方方面面。

智能社会下的交通工具会在未来实现完全的自动化。智能驾驶、风险规避、动态路线管理、道路实时监测与分析等让出行变得便捷、舒适。

智能社会下的城镇建设主要在于让城镇等社会化主体的结构及其结构的组合更加智能化,同时也应该兼顾对基础设施、服务行业以及公共事业等连接并支撑这些结构的细分领域进行智能化提升。一旦所有事物都被物联化以后,我们可以对其进行持续的监测和分析,进而通过打造更为智能化的道路、桥梁以及建筑物等公共基础设施来提升固定资产的利用效率。高速公路上的交通将更加顺畅,建筑物的使用效率将有所优化,入口和出口将更加便利,能源的使用效率将有所提升,固定化的垃圾收集与循环等服务将更具灵活性。

智能社会下的工业生产是对单一部件或整个系统进行连续性分析,并收集数据以对发展趋势、需求管理及产能计划进行分析。同时,大面积统计个体需求并分别汇总出本地、区域以及全国的需求水平,从而为工商界的商家提供需求预测,以便商家进行产能管理。在这种情况下,商家可以提前收到警告并做出应对计划,同时可以对价格和产能做出调整以提升生产效益。

3. 智能社会的企业数字化转型

在移动互联网和数字化浪潮下,当前云计算、大数据、物联网、人工智能等数字技术逐渐成为社会及企业发展的主流,全球正在快速进入数字经济时代。从"互联网+"行动计划到国家信息化发展战略纲要,数字经济已经连续两年写入政府工作报告。企业正纷纷抓住"数字中国"建设的契机,加快数字化转型步伐。

数字化技术正在融入企业的血液里，渗透在业务的基因中。实现数字化转型的关键是业务和技术的完美结合。

在我们生活中体现最为明显的就是阿里巴巴的数字化转型，从支付方式、组织方式到生产方式、贸易方式，阿里巴巴商业操作系统全面赋能中小企业数字化转型升级：根据阿里巴巴2019年第四季度财报，天猫、淘宝年度活跃消费者突破6亿，为上千万中小商家提供广阔的市场机遇。20万个品牌拥抱天猫新零售，淘宝带动千万中小企业创业创新，孵化出2000多个特色市场，未来3年淘宝直播将带动5000亿元成交规模。"饿了么"和"口碑"赋能350万家中小商家，中小商家已经成为本地生活服务的支撑力量。网商银行帮助中小企业把握数字化转型的机遇，超过300万家码商使用网商银行贷款拓展经营，累计为超过1000万家小微企业和个人经营者提供贷款服务。"1688"赋能长三角、珠三角等地区的全国100个产业集群、50万家中小企业，年销售规模近3000亿元。截至2018年3月31日，钉钉企业组织已经突破700万家，基于办公场景的"人、财、物、事"全链路数字化解决方案，赋能中小企业进入数字化时代。

从传统的信息技术承载的数字转变成新一代IT技术的数字，实现技术应用的升级。从实体状态的过程转变成信息系统中的数字，从物理形态的数字转变成虚拟形态的数字，打通全方位、全过程、全领域的数据实时流动与共享，实现信息技术与业务管理的真正融合。为了适应互联网时代和智能时代的需要，在数字化实现精准运营的基础上，传统业态下的设计、研发、生产、运营、管理、商业等正在加快变革与重构。智能社会的企业数字化转型已经大踏步地向我们走来。

4. 大数据与智能革命正在重新定义未来

随着互联网技术的不断发展，人类在漫长的生产实践过程中，一直在不断地提升对于数据的认知程度，从积累数据的过程中形成数学、天文学、统计学、概率学等学科体系，不断地改变着人类与自然的关系，建立起积累数据、分析数据、建立数据模型的数据应用理论，并在社会实践中得以应用，并最终预测未来，通过预测数据在人类的文明中起到了基石的作用。

大数据涉及的数据资料量规模巨大到无法通过人脑甚至主流软件工具，在合理时间内达到管理、处理，并整理成为帮助企业做好决策的资讯。大数据不仅是一场技术和产业革命，也将带来国家治理的深刻变革。运用大数据提升国家治理现代化水平，是新的治理课题。从建立健全大数据辅助科学决策和社会治理的机制，到保障国家数据安全，打破信息壁垒、推动信息共享，再到利用大数据平台形成社会治理合力，用好大数据这个利器，将有力地提升治理科学化、精准化、高效化水平，增强服务经济社会发展、防范化解风险的能力。

纵观前三次工业革命，都是新技术带来的生产力的变革从而引发的革命，大数据为智能革命发展带来了新契机。

农民可能不是第一个想到大数据的人。但如今，数据分析对农业至关重要，而且随着预测天气和最大限度地压榨土地生产力成为养活不断增长的世界人口的必要条件，数据分析只会变得更加重要。以色列的国土面积很小，可耕种土地不到国土面积的 1/5，并且土层贫瘠，是缺水最严重的国家。但即便如此，以色列通过对大数据和人工智能的科技利用，将自己变成了农业出口大国，成为世界粮食单产量最高的国家之一，如棉花亩产 500 公斤，柑橘每亩年产高达 3 吨。农业大数据在现代农业物联网搭建、生产监控、销售运作方面上发挥着不可磨灭的作用。

数据分析依赖大量的数据支撑。NBA 越来越注意到数据的力量，金州勇士队曾长期以来一直是 NBA 里最烂的球队之一，直到大数据给球队带来了转机。毕业于加利福尼亚洛杉矶分校和斯坦福大学，在硅谷成长起来的投资人拉科布收购了金州勇士队后，把数据分析的思想充分地融入球队的训练之中，使用大数据制定战略，调整比赛中的战术。正是靠高科技，金州勇士队在短短 6 年里从倒数第二名登顶 NBA 的总冠军。如今，大数据让球队、评论员和观众可以透过更多维度评论一场比赛。助攻、投球命中率、盖帽，所有这些参数都能让我们更清楚地了解眼前的比赛是不是一场势均力敌的对决。大数据从各个方面影响了现代体育。

随着印度和越南的制造业纷纷崛起，中国制造业的人口红利渐渐消失，大数据已经成为制造业生产力、竞争力、创新能力提升的关键。大数据是驱动制造过程、产品、模式、管理及服务标准化、智能化的重要基础。富士康科技集团（以下简称富士康）作为一个制造企业，在过去 40 年里不断转型。2011 年，富士康就已提出在 5~10 年内部署 100 万台机器人的计划，2016 年富士康推出"无灯工厂"生产线。除了制造领域的大数据，富士康总裁郭台铭认为，智能制造的真正革命应该是各行业之间跨界的大数据共享，未来应该将用户大数据、制造大数据和供应链大数据整合在一起，让这三者彼此互联互通，才能产生真正的智能制造。随着人工智能和大数据的兴起，制造业必须往自动化、高质量的方向升级。

传统制药行业的痛点在于，新药研发周期长，研发费用高。人工智能结合大数据在引领新药研究上，可以打破这些瓶颈。谷歌风投（Google Ventures）已经针对大数据医疗软件公司展开了数笔投资，从基因层面研究抗癌抗衰老解决方案。中国科学院上海药物研究所蒋华良院士带领的团队，构建了一个运用人工智能和大数据进行药物设计的软件环境，针对多靶标集群虚拟筛选方法，对药物的疗效及副作用进行预测，效率均优于国际同类方法。他们开发出的具有自主知识产权的药物设计软件包，打破了国外软件公司的垄断。未来，人工智能结合大数据的精准药物设计，将成为创新药物研发和精准医疗的重要发展方向。

以大数据为驱动力的第四次工业革命如海啸一般席卷而来，正在发起一场改变世界、改变经济、改变所有人命运的智能革命。但是发展到至今，还有很多难题等待我们解决。

(1) 大数据行业的人才缺口。目前，大数据行业缺乏熟练的大数据专业人员，缺乏经验丰富的人员和经过认证的数据科学家及数据分析师，这使得数字运算变得困难。对于处理新技术的公司来说，从入门级别开始培训人员的费用可能会很昂贵。许多人正在研究涉及机器学习和人工智能的自动化解决方案，但这也需要训练有素的员工及熟练的开发人员。

(2) 数据安全。对于拥有大数据存储的组织而言，数据安全也是一个大问题。数据可以从多个来源获得，因此存在潜在的安全问题。可能永远不知道哪个数据通道受到了损害，从而损害了可用数据的安全性，并使黑客有机会乘虚而入。现有的安全措施包括身份和访问控制、数据加密和数据隔离等。

(3) 复杂的实时计算。当我们谈到数据挑战时，并不只是停滞数据，而是许多每秒都在不断更新的数据。例如，基于大数据的城市智慧交通体系面临着运行效率、安全等方面的挑战。这就需要对交通大数据的实时计算理论与算法展开研究，对城市交通需求生成与运行态势耦合机理进行挖掘，对统合交通大数据的智慧交通系统进行优化再构。

(4) 数据大量处理。现有数据急剧增加，企业可以访问的数据呈指数级增长。数据可能超出可以存储和计算以及检索的数据量。挑战不在于可用性，而是对这些数据的管理。随着非结构化数据的增加，数据格式的数量也在增加。视频、音频、社交媒体、智能设备数据等只是其中的一小部分。数据可用性的指数增长，推动着大数据技术的不断发展。现在是时候接受这种趋势，进行更好的转换，做出更好的决策。

大数据与智能革命正在重新定义未来，未来的智能产业将更高效、更灵活、更环保和更安全。

5. 智能社会的建设构想

为了应对全球趋势，2016 年 1 月 22 日，日本内阁会议审议通过了第五期(2016—2020 年)科学技术基本计划。首次提出超智能社会(Society 5.0)战略，并在同年 5 月 22 日颁布的《科学技术创新战略 2016》中对超智能社会的内涵和框架做了进一步阐述。

超智能社会是在高度融合网络空间和现实物理空间中，通过利用物联网、大数据、人工智能与机器自动化等技术来促进各个跨领域的应用，创造新的价值和新服务社会形态，精细化地应对社会的各种需求，是继狩猎社会、农耕社会、工业社会、信息社会之后的一种以人为中心的新型经济社会形态，是由科技创新引领的转型所创造的新社会。

超智能社会概念的提出得到了各个国家学者的广泛关注。日本学者更加关注如何顺利推进Society 5.0，解决本国面临的出生率持续下降、人口老龄化、污染、工时长、工作效率低等社会问题。美国、加拿大、欧洲各国也都被一些同样的问题所困扰着。同时日本在超智能社会建设的相关举措与实践，对于中国正在积极布局的国家智能制造发展规划也具有重要借鉴意义。

超智能社会涉及许多德国工业4.0的关键支柱产业：基础设施、金融科技、医疗保险、物流，当然还有人工智能。不同于工业4.0，超智能社会是日本政府利用科技来解决社会面临出生率下降、人口老龄化等问题，利用技术和创新来帮助人类进步，而不是以任何方式取代工业4.0。

日本政府预计将在机器人领域投资870亿美元，物联网市场投资在2020年达到60亿美元。除了来自政府的人工智能资金14.4亿美元，日本创新网络公司正在进行重组，重点关注人工智能和大数据。预计来自政府的人工智能资金将增至40亿美元，至少持续至2034年。与英国和法国非常相似，日本政府已经与私营部门进行合作，推动整个社会向前发展。

日本政府逐步制定了超智能社会建设的相关政策机制，强化社会结构体制改革，推进技术革新，明确了重点发展领域和关键支撑技术。在网络空间相关技术领域包括网络技术安全、物联网系统建设技术、大数据分析技术、人工智能技术、设备技术、网络技术、边缘计算技术。在物理空间相关领域包含计算机技术、传感器技术、处理器技术、生物技术，还有人机交互技术。其中发展人工智能技术是建设超智能社会的核心，为此，日本成立人工智能研究中心，通过政府的引导、市场化运作和"产官学"协作的模式，共同研究、协同推进。

超智能社会建设已在某些领域产生了初步效果。如在数据利用领域，已经出现了超越企业和行业壁垒的动向，三菱电机联合15家汽车公司于2017年6月共同成立了集成高精度三维地图信息的新公司，不仅可为自动驾驶汽车提供数据支持，未来还有望广泛地应用于隧道等基础设施的维护管理及灾害模拟等领域。基于信息技术而具备高效生产能力的智能工厂、以信息技术为核心的精准农业等也开始推广。与德国的工业4.0、美国的先进制造伙伴计划等相比，日本的超智能社会在强化产业竞争力的同时，还欲解决经济问题和社会问题的社会变革。这展现了日本政府的战略远景，但实践上面临着诸多困难和挑战。

首先，是人的赋权。在国家、地区或组织中都有发展和变革所需要的人，需要充分发掘不断增加参数变革的人数。在今天的日本社会中，这些人受到了现有规范和惯例的约束，并且在某些方面，发现很难展示自己的力量。一些愿意改变社会的人无法通过自己的主动性来充分努力实现这一目标，这些努力对于实现超智能社会至关重要。

其次，是社会认知程度。目前还不确定的是，超智能社会这看似美好的构想是否会得到日本民众的支持。发展人工智能确实能够带来更高的商业价值、更多的就业机会，给人类带来更加美好的生活。但人工智能也有弊端，会使人才分化极端，将会引起人才争夺战，资金薄弱的企业或者个人将遭受大规模的失业。在这种情况下会导致企业巨头的垄断，贫富差距的分化将会非常严重。人工智能改变了人们的生活方式，对于行动不便或者老年人来说，他们无法操作一些数字设备或者已经习惯了之前的生活方式，那么人工智能将会成为他们的负担。

再次，是经济承受能力。实现超智能社会的构想，需要大量的资金支持。但是日本政府基础财政收支状况不容乐观，巨额财政赤字和庞大债务余额、经济长期停滞、社会保障相关费用不断增大、防务开支连年上升，日本政府是否能够支撑超智能社会建设令人担忧。

最后，科技研发能力也是亟待解决的问题。《日本经济新闻》报道，2018年度"研究开发活动相关调查"显示，43.9%的受访企业认为日本的科学技术实力出现下滑。在289家受访企业中，只有10家认为日本的科学技术实力在提升。在日本，研发能力受到政策、人才、财力等因素限制，出现令人担心的迹象，日本优秀论文数量减少，被中国、加拿大和澳大利亚超过，屈居世界第九。年轻研究人员没有稳定的工作岗位，国内研究环境存在的问题堆积如山。要想实现超智能社会，日本在人工智能领域也面对诸多技术难题。日本目前的护理机器人仅能够完成辅助使用者站立等简单动作，虽然工业机器人中的机器人手臂和核心零部件在全球市场占有率达40%，居全球之首，但仅靠机器人手臂不能使工厂100%自动化，更不能完成智能制造。日本机器人的大脑专利和技术，也正被中国、美国及欧洲国家碾压。

2.2.2 理解智能技术

智能时代下的发展离不开大数据和人工智能信息技术的加速发展。进入21世纪以来，互联网与智能移动设备的迅速普及促进了人类社会的飞速发展。三大尖端技术之一的人工智能得到迅猛发展，人工智能通过学习后能逐步帮助人类完成越来越复杂的工作，人工智能的优势不断展现出来，使得人工智能得到了更加广泛的重视与应用。

对于人工智能而言，其发挥多大潜能取决于大数据和算法，数据就相当于人工智能的"燃料"，如果没有数据，机器学习能力就无从发挥。而人工智能要想读懂人类行为或情感需要通过算法去收集和分析数据。目前，深度学习算法技术的突破使得人工智能技术进入高速发展时期。

1. 人工智能技术的发展

人工智能于1956年夏季的达特茅斯会议上提出来，经过60多年的实践发展，已经发展成为一门多学科交叉的前沿科学。人工智能的研究核心是使用计算机来模拟人类的智能行为和某些思维过程，使计算机具有人脑智能。人工智能是计算机学科的一个分支，但是其范围已经远远超出了计算机科学的范畴，如对于思维科学来说，人工智能与其等同于实践和理论的关系，人工智能在传统的逻辑思维基础上升华灵感层次。人工智能要想有突破性发展，计算机就必须具有形象化、灵感化的思维。

第一台计算机的问世，就已经证明人类创造的机器已经迈进智能化的大门。计算机作为人类的助手不断模拟人类的智慧进行高效的工作。在20世纪70年代以前，人工智能在机器翻译上注重逻辑推理，算法上主要以启发式搜索为代表。随着人工神经网络算法的迅速发展，加之计算机硬件和半导体技术的提高使人工智能在20世纪七八十年代迎来了一次发展高峰，其中最为亮眼的技术成果就是机器视觉。在1985年的统计中，仅美国国内在生产机器视觉系统的公司已经超过100家。

从20世纪末开始，人工智能再一次飞速发展，这次不论在技术上还是在商业化应用上都取得丰富的成果。一个标志性的成果是1997年，IBM公司"深蓝"计算机击败象棋世界冠军卡斯帕罗夫，这成为人工智能技术发展的里程碑事件。随后深度学习被提出，人们对数据逐渐重视，人工智能借助互联网以惊人的速度发展，这进一步催化了人工智能的商业化。现在，无论是私密的住宅还是银行、医院等公共场所人工智能的影子随处可见、智能家居、无人银行等智能系统的应用，让人们的生活更加方便快捷。

在互联网移动化的趋势下，主要的科技巨头如苹果、谷歌等纷纷开始对人工智能进行战略布局。特别是"人工智能联盟"的成立，聚集了微软、Alphabet、IBM、Facebook、亚马逊和苹果等互联网科技巨头。这为人工智能的发展提供全方位的支撑。

面对各国对人工智能的重视，我国人工智能也及时地抓住了这个机遇。百度公司于2013年成立了深度学习研究院，该研究院在深度学习领域的技术突破，推动了百度的语音和图像产品的迅速崛起，例如，百度语音助手其"语音搜索、语音问答"等功能的实现，得益于深度神经网络技术的突破。腾讯公司在2016年成立了人工智能实验室，在社交和游戏等核心业务布局上，人工智能实验室专注语音识别以及机器视觉等领域。2017年，阿里云在云栖大会上推出ET医疗大脑和ET工业大脑，以及机器学习平台PAI2.0。还有其他互联网科技公司也加大在人工智能的投入，并且取得丰富的成果，特别是科大讯飞公司，其在语音和语言识别方面的专注，使得科大讯飞在中国智能语音行业独占鳌头。滴滴、美团等都在自己专注的领域默默耕耘，取得不错的成绩。

2. 人工智能的技术体系

近年来，在本轮产业变革过程中，人工智能作为新的驱动引擎释放巨大推力。各国在科技竞争中也把其放在核心位置。由于人工智能是多学科交叉的多源性学科，造就了其技术网络体系的错综复杂。我们可以从基础技术、共性技术、人工智能三个方面分析梳理。

1) 基础技术

数学通常在多门学科中扮演着基础科学的角色，数学也成为人工智能发展的必备工具。机器学习算法就必须以数学为基础，如果没有数学基础，很难对不理想的算法进行优化，数学决定个人在机器学习路上的高度。

随着信息学和计算机科学的发展，深度学习算法应时而生。尤其是大数据技术快速发展与广泛应用提供了海量的学习资源，计算机硬件性能的提升也为学习算法提供保障。

人工智能的本质就是用计算机模拟人的思维过程和智能行为，复制人类智能是人工智能的努力目标。因此人工智能在发展过程中脑科学和认知科学也都以主要支撑学科参与其中。例如，人工神经网络的产生与发展就得到心理学家的支持。

这些基础技术相互支持配合，促进了人工智能技术的快速发展，并且在发展过程中不断有新的技术融入其中。例如，数据信息爆炸性的增长、庞大的数据信息基数使得目前的计算能力显得不足，计算时间漫长。量子计算技术使得人工智能的学习速度实现指数级增涨，面对大数据时代的挑战能够轻松应对。

2) 共性技术

人工智能发展过程中始终以基础算法、智能芯片和系统平台这三大技术作为支撑，其相互依托、相互贯通，使得人工智能技术得以平稳提高。

从智能算法的发展历程可以看出，早期主要在推理和知识表达方面模仿人类智能，维护性差和运行效率低是主要问题。机器学习算法的出现，使得人工智能系统运行效率大大提升，同时降低了编码成本。近几年，算法的研究取得很大的进步，其更新迭代的速度非常快。如作为机器学习的一个重要分支——人工神经网络算法的发展，在自身不断完善的同时又拓展出深度学习算法。

从当前人工智能发展的现状来看，机器学习算法的机理仍然是统计拟合加暴力计算，与人脑的理解学习、推理、决策等能力还相差甚远。人工智能要想取得突破就必须注重类脑智能计算的研究，特别需要注意的就是对脑科学的研究。总的来说，基础算法只有在类脑智能计算上取得实质性突破，人类的智能时代才真的到来。

人工智能芯片根据市场的需求逐渐分化。首先通用型的芯片主要是CPU和GPU，两者在神经网络计算的兼容性上，CPU的兼容度不够，但是英特尔等厂商在新产品中强化了对神经网络计算的支持。其次是FPGA芯片，其主要特点是可以二次开发。这样既可以使芯片在特定的运算环境里更加稳定地兼容，又比通用型芯片更加便宜。最后是ASIC芯片，此类芯片抛弃了编辑功能，从设计开始就仅应用于特定计算，所以此类芯片不仅运行效率极高，而且在规模化生产后成本也会极低。通过对比可以看到，这三类芯片以市场为导向，发挥各自的特点。

人工智能的实际应用中离不开系统平台，因为在开发研究过程中会用到大量的基础算法，所以必须整合为一个软件工具，整合后的软件工具具有高度的兼容性。软件工具包逐步完备就能形成稳定的系统环境。由于当前人工智能系统平台还处在初级阶段，还没有形成固定格局，大家都在抢夺系统平台的话语权，都希望在人工智能时代占据市场主导地位。

3）人工智能

环顾我们的生活与工作，人工智能已经或多或少地在影响着我们。如智能家居走进普通家庭，使得白领一族在工作之余有了更加温馨舒适的休息环境。工作中智能客服的使用，使得人员配置更加优化。语音识别可以帮助我们预订酒店，无人驾驶的汽车可以让我们更加轻松舒适。现阶段人工智能不断改变着我们的日常生活。

首先从人机交互层面来说，我们要在机器中融入人的社会属性，如社交意识等。在未来，每一辆汽车都会不停地学习，通过在行驶中对路况以及驾驶员行为的观察，放入自己的知识储备库，再通过自我的思考及运作规律，使得人机之间建立良好的关系。当机器开始具备人的社会属性时，我们不能忽略的一点就是人工智能每发展一步都要确保不会给人类带来意外的伤害。因此未来人工智能的核心技术点在于人类和人工智能进行联合，人类处于核心支配地位，机器的责任就是辅助人类，使人类强大，做到人机共生。

对于人工智能的发展，有支持者也有质疑者。支持者看到人工智能为我们带来的便利，在推动社会进步的同时使得资源配置更加优化。质疑者看到人工智能的安全性问题，人工智能现在只展现冰山一角，人类还有太多的无法预知和无法掌控之处，更有人担心人工智能对道德观念的影响。综合来看这些其实就是对人工智能制造者的支持或质疑，人工智能能否正确判断事物的正反面，最终取决于人类对机器的设定。制造与人类合作，从属于人类，服务于人类的人工智能是唯一的价值准绳。只要人类的思维能力始终站在顶端，不放弃管理者和控制者的角色，我们就可以相信我们自己。

在未来数十年，人工智能会快速发展，当自动驾驶技术的成熟普及，或者超人类感官技术的普及，肯定有很多工作岗位被取代，但是我们不应该过于担心，因为人工智能发展的目的也只是为了更好地服务人类社会。旧岗位被替代必定有新的岗位出现，对此我们要树立终生学习的理念，只要通过不断的学习来提高自身的生存能力，做到始终与社会同步，就必定有自己的立足之地。

3. 人工智能的行业应用

随着大数据、计算能力和互联网的发展，人工智能技术如雨后春笋般蓬勃发展。今天的人工智能技术可以通过深度学习帮助人类完成相对复杂的任务，人工智能技术的自动化、精准化、智能化特点使其展现出强大的生产力，因此在各个领域得到广泛应用。

1) 医疗领域

在医疗领域，医学决策支持系统、医学影像处理、医学机器人以及中医诊疗都能看到人工智能方面的应用。医学决策支持系统利用计算机技术，基于专业知识和专家经验形成的诊疗库，模拟人的思维过程，为诊断结果提供参考意见。IBM研发的超级计算机"沃森"作为当下最著名的决策支持系统，其只需知道患者的病征和病史就可以通过机器学习、自然语言处理等能力，在数据库中快速搜索和分析并将新的治疗方案提供给医护人员。对于中医这种传统医学，人工智能技术在多个诊断环节提供支持。中医分为望闻问切四诊，首先望诊中对于患者舌诊是核心部分，对舌像采集后通过人工智能技术进行分析，对颜色、纹理、厚度等做出准确识别，为医生提供准确的诊断依据。

在医学影像处理方面，人工智能利用人工神经网络技术可以对影像进行更深层次的挖掘，使得影像的临床价值大大提高。例如，采用 ACO 算法对磁共振灰度影像进行病灶识别，其能很快完成多次迭代运算，可以更加精确地对影像特征进行提取判断。

在手术、康复、护理等领域引入医学机器人，减轻医护人员的工作量，提高手术精度，降低护理难度。促进所在领域的技术进步和资源优化配置。手术机器人可以突破医师的视野狭窄等生理障碍，在狭小空间里通过高清成像系统和微创机械臂来实施精密的手术。通过手术机器人可以在异地实行远程手术，不但能为患者提供更多的选择方案，还能优化医疗资源配置和新医疗技术的传播。康复机器人主要用来实现肢体功能，如手部机器人可以帮助患者的手部功能改善或者重建，完成手指伸展、手腕移动等活动。护理机器人主要提供基础的辅助，目前在日常护理中如传递药品器械或者移动患者等，这样可以减轻护理人员的工作负担。英国 Mike Topping 公司研发的 HAndy1 机器人，通过机关扫描系统定位食物再由机械臂进行喂食。在全球老龄化趋势下，护理机器人必会有一番作为。

虽然人工智能在医疗领域开始发挥作用，但是还需要加强计算机和医疗领域的跨领域合作才能研发出智能化更高的应用。

2) 金融领域

随着我国经济进入高质量发展阶段，金融业也要从过去粗放的发展模式向精细化、智能化的发展模式进行转变。人工智能的强大计算能力为开放共享的金融服务模式以及金融创新的发展提供助力。智能客服、刷脸支付等创新型服务在金融机构服务中得以应用。由于金融行业的开展基于大数据，这就使得金融业使用人工智能技术具有先天优势。人工智能在金融领域的应用主要包括智能客服、智能信贷与监控预警、智能投顾等。智能客服的应用为客户提供更加智能化、专业化的服务，在金融交易和金融分析过程中可以为服务端提供决策支持。在交易结束后可以在风险防控和监督方面提供技术支持。智能客服的使用不仅能及时服务客户，而且能减轻人工服务的压力，降低金融机构的运营成本。

在信贷方面，金融机构利用人工智能对潜在的用户进行经济状况、消费能力等进行分析，根据分析结果进行信用评级。对于已经放贷的企业和个人，通过人工智能技术开展风险评估和跟踪，计算风险点，能够对借款人进行实时监控。

智能投顾指根据投资者的偏好、收益要求等，通过智能计算出结果，为用户投资决策提供信息参考。利用智能投顾可以避免投资者因情绪造成投资失误，而且优化投资配置。智能投顾有比人类更强的交易执行能力。

人工智能技术为金融业带来新的发展机遇，提高服务社会的综合效能。

3) 教育领域

传统的教育手段正在依靠人工智能迈向教育信息化时代。人工智能改变了教学模式，提高了教师的教学水平和学生的学习效率。针对个性化学习，智能作业修改以及早教方面有着充分的应用和实践。

我国的教育领域很早就提出要因材施教，但是在师资比低以及应试教育的环境下很难做到对每个学生制定针对性的学习方案。随着人工智能技术引入教育领域，在因材施教方面取得进步。利用人工智能技术对学生历史学习数据进行分析，根据学生的兴趣喜好推荐相应的学习内容，这样可以极大地调动学生的学习积极性，提高学习效率。例如，McGraw-Hill 公司利用人工智能技术为每位学生创建学习体验环境，系统会根据学生对知识掌握情况给出适合他们的相关资料。

幼儿教育的早教机器人取代传统的电子教育产品，早教机器人利用计算机视觉或智能语音控制等技术生成虚拟的人物形象，让小朋友可以更加直观地学习。不仅起到陪伴孩子的作用，还能对孩子的性格起到引导作用。

学生不论是在学校还是在辅导班，老师留的作业需要批改，传统的批改方式使得学生不能及时纠错。随着自然语言处理技术和语义分析技术的成熟，智能作业批改技术在教学中开始广泛应用，不仅分担教师教学压力还提高了教学效率，同时学生的学习效率也会提高。例如，一篇手写英语作文，只要用手机拍摄上传，系统就自动对单词、语法批注，批改完毕后显示评分。学生在修改过程中可以自我拓展新知识，大大提高了学生的自主学习纠错的能力。

除了上述介绍的几种应用，人工智能技术还应用于智能答疑、智能评测等多个方面。人工智能技术的发展对教育领域的影响必将更加广泛深刻。

4）工业领域

经过改革开放 40 多年的发展，我国已经建立了全面的工业制造体系。当前工业自动化的发展已经融入了智能控制技术，但是，随着工业 4.0 时代的到来，更高的智能控制技术将成为制造业最大的技术需求，人工智能技术的逐渐发展成熟，可以满足工业 4.0 的智能要求。

人工智能的计算、联网和自主控制，使得人和机器能快速地连接，融为一体，并提高生产效率和生产灵活性。人工智能主要涉及机器感知、决策、执行以及人机交互等方面。例如，ABB 公司和 IBM 公司的合作，通过完善的解决方案为客户提供支持，通过人工智能图像识别技术对产品实时监控，识别不合格产品。在产品组装流程中向生产者提供肉眼无法识别的故障，让维修专家快速介入。这样就可以有效地减少故障停工时间，加强质量控制，提高产量。

在可预见的将来，人工智能对工业制造能力的提升将带来革命性的提高，为企业组织管理等带来翻天覆地的变化。

4. 人工智能的商业化程度

在大数据以及网络技术进步的推动下，人工智能技术已经取得了突破性进展。人工智能正依托数据、计算能力、核心算法三要素共同推动着人工智能向更高层次的感知、认知发展。人工智能已经在深度学习、智能机器人、图像识别等技术方面取得突破。对于一项技术或一个产业要想长期发展下去，形成一整套成熟产业结构，主要看其是否能广泛地实现落地。人工智能发展至今，已经在医疗、工业等领域建立了成功的实际应用案例。

IBM 公司的 Watson 利用人工智能技术取得的成果，影响着各行各业。现在已经在多个行业推出相关产品，例如，Watson 发现顾问、Watson 分析、Watson 探索、Watson 肿瘤治疗等。

以 Watson Health 为例，其人工智能的解决方案在全球产生了广泛影响。从中受益的患者和消费者接近 20 万人次。对于以数据驱动的技术在市场中的应用，Watson Health 有独特的方法。作为认知医疗的先行者，其完美地整合了数据、云计算和人工智能技术，快速高效地为客户或合作伙伴提供认知服务产品。目前，认知系统的解决方案涵盖了肿瘤与基因、生命科学和制药、全程医疗护理、医学影像及医疗支付这五大领域。IBM Waston 已经与多家集团企业、医疗机构合作，合作涉及多层次、多方向。在实践活动中不断取得新成果。例如，IBM 公司与加拿大多家肿瘤研究所合作，利用 Waston 系统的处理基因信息技术将患者的基因与肿瘤基因学的相关报告进行对比，在极短的时间内获得最优处理方案，从而取代"肿瘤委员会"用药决定的方案。在集团企业领域里，强生利用 Waston 创建个性化的医疗方案，特别是利用完善关节置换和脊椎手术的技术为患者提供术前术后护理方案。

阿里云在 2017 年云栖大会·深圳峰会上宣布推出的 ET 工业大脑就是人工智能技术在工业领域的最新成果。ET 工业大脑基于生产中收集的数据进行分析，利用并不昂贵的传感器、智能算法和阿里云强大的计算能力，让机器能够自我感知、传递和自我诊断问题，从而使机器的产出得以优化，减少废品量，降低成本。

目前，阿里云已经和广州迪森热能技术股份有限公司(以下简称迪森)达成合作意向。迪森利用阿里云首先构建企业统一的数据资产，然后根据企业业务需求并利用 ET 工业大脑的多维感知、实时决策等能力为企业提供最优的人工智能方案。使得企业设备利用率、工艺优化、能源管理等全面提高，提升企业运营效率。相信在阿里云 ET 工业大脑的支持下，迪森一定能在研发、生产、销售等方面取得事半功倍的效果，为工业 4.0 提供合作示范样本，推动工业智能制造的发展。

浪潮作为中国首家提出"企业大脑"的 IT 厂商，充分利用自己的优势平台研发出 EA 企业大脑，此产品以数据为核心，集企业决策、运营、生产全方位的企业平台，充分地体现智能化创新性。在企业领域，人工智能只有与数据深度结合，推动企业在流程、管理和业务方面实现变革才能体现人工智能的真正价值。

现在，EA 企业大脑已经在建筑、装备制造、煤炭等行业应用，为企业决策、提高内部效率、信用评估以及产品全生命周期等领域提供帮助。例如，洪都集团对关重件进行实时监控，优化排产计划，使得生产效率提升，订单按期交付率提升 2%。中国储备粮管理集团有限公司通过 EA 企业大脑增强企业成本的控制，使储存损耗率控制在 1%以内，能耗上也大大降低，节约了人力成本。EA 企业大脑的应用推动企业向个性化、精细化转变，借助强大的大数据能力加 AI 能力来打造智慧企业。

随着人工智能的进一步发展，在国民经济中的贡献越来越大，人工智能的每一步商业化推进，都会为所在行业带来革命性的进步。在我国经济由量到质的发展过程中，人工智能是不可或缺的推进剂。

5. 大数据和算法决定智能水平

在信息化时代背景下，以现代通信、网络、数据库技术为基础，使得每一个个体元素及其附属信息正源源不断地汇入数据库。数据库的极速膨胀使得常规软件工具无法在一定时间内完成数据的相应处理，因此大数据应运而生。

大数据就是一个数据集，数据的体量非常庞大。在获取、存储、管理、分析方面已经超出了传统数据库工具的处理能力。其具有数据规模大、数据真实性高、数据流转快、数据类型多样等四大特征。

数据规模一般都会超过 10TB，数据规模越大越能体现数据的价值和潜在的信息。数据的质量反映在数据的真实性上，大数据时代，传统的数据源被打破，在海量的数据中提炼出所需且有效的信息显得尤为重要。大数据在打破单一数据源的前提下数据的处理速度随之得到大幅提升，及时地获取最有价值的信息，为使用者提供高效的支撑源，以此来实现信息的最大价值。因为数据规模的庞大，数据源的多源性，这就决定数据类型必然是多类型存储。

通过研究发现，人工智能在发展中遇到不少问题，特别是智能的增长以及其扩展性问题如何解决，就必须要依托大数据的应用。传统的机器缺乏人类的学习研究能力，因为其缺乏海量数据的支撑以及对数据的处理能力这一重要条件。人工智能需要丰富的经验和大量的知识，大数据技术的发展为其提供所需的数据量和对数据的处理能力。我们必须认清这是问题的关键。

机器的智能来源是大数据这个智慧之池。因为机器智能每一次提高都伴随着对全数据样本的学习以及相应的计算能力。而这些全样本数据必须有强大的大数据做支持。这就给我们树立了一个重要的概念，智能从大数据中获得，数据产生智能。大数据对于企业来说，是一种新型的生产要素，经过深度挖掘可以获取巨大的价值，只要合理地加以利用，就会对经济转型具有强大的推动作用，重塑国家竞争优势，提高现代化水平。

对于机器有了大数据这本"书"，要想把知识记住就要学会思考与理解，因此算法在人工智能发展中显得尤为关键，因为它对于机器而言就像脑细胞对于人类一样。其实算法本质上就是如何解决问题的一种方式，就是用数学语言构建数学模型来描述实际现象。在人工智能时代，与以往的算法相比增强了自助学习的能力。我们可以通过近年来如科大讯飞语音识别以及 AlphaGo 人机围棋大战等例子可以看出，人工智能领域在取得突破过程中，计算能力、大数据和算法起到三驾马车的作用，其中算法居于核心地位。算法的突破将极大地推动人工智能的发展。

大数据决定机器学习样本的全面性，继而影响学习结果的准确率，算法决定机器学习的效能，算法每一次突破都会促进人工智能效能的提高。反之，人工智能技术的进步又促进算法更新和数据库扩容。大数据和算法是人工智能的基础与核心，决定智能程度的发展水平。

6. 大数据和算法影响企业管理变革

现代企业经营管理从 18 世纪末开始发展到今天，经历了传统管理阶段、科学管理阶段、现代管理阶段。从纯粹的"人治"到"制度先行"的模式，不断地变化和发展。但是，近年来随着人工智能飞速发展，人工智能对企业方方面面的渗透，使得企业经营管理面临前所未有的挑战。企业的管理方式和企业决策都需要走出传统模式，充分地适应人工智能带来的挑战。

人工智能并不是一个新概念新领域，近年来，大数据和云计算的发展以及算法技术取得突破，都使得人工智能在各领域空前发展。

人工智能对企业管理的影响主要体现在人才管理、决策管理和管理方式三个方面。人工智能越来越高效保质地完成简单工作，对于没有创造力和创新性的工作就可以让人工智能替代，那么就要求企业招聘人才的侧重点要以创造力为主，打破传统的招聘模式。

人工智能的两个核心要素——大数据和算法推动企业在自己擅长的领域集聚新的力量并转变为核心竞争力，从而使企业在未来的商业化过程中价值最大化。其中最重要的工作就是积累打造企业数据能力和核心算法能力，进一步提高计算能力。随着各项指标逐步达标，企业在运营管理上就要实现智能化，进而促进企业产品服务的智能化。

企业存在的最基本目的就是通过自己的产品服务实现利润最大化。不管是传统企业还是现阶段受到大数据和算法影响的企业，其内部价值链的外在表现就是以客户为中心。随着消费者对于产品服务的需求不断发出自己的声音，企业必定会依托其核心算法，在大数据中提取最有价值的信息来开发自己的新产品或服务。新产品或服务的更新迭代速度比以往任何时期都要快，新的商业模式也就以各种形式应运而生。

对于客户的需求，要做到从客户的内心需求开始理解。利用大数据和算法的精准性和高效性，把客户从大众化变成微分化、个人化。企业的产品、服务、营销就可以在有限的成本中精准高效地满足客户需求，实现价值的最大化。

每一次企业通过核心算法从大数据中提取到有价值的信息时，对于自身的管理都会有不同程度的影响，不同的需求信息，必定让企业调整生产服务模式。在这个大数据和算法影响企业管理的时代，企业要制定相应的应对策略。首先要把企业的各项数据实现集中管理，真正地形成企业的数据资产。特别对于大型集团公司，其下的子公司或者分公司每天都会各自产生独立的数据集，甚至单个子公司的数据还会分布在不同业务系统中，如果这些数据不能互联互通形成数据池，将严重地影响大数据价值的实现。因此，要通过云平台整合集团数据实现数据的资产化，打破信息孤岛的现状。但是，在数据整合过程中一定要注重数据质量，如果过多的垃圾数据进入数据池就会造成输出结果的不准确甚至错误的结果。只有保证高质量数据的真实性，才能使基于大数据分析出的结果拥有真正的价值。

企业大数据构成，每个企业的核心数据主要来自自己的用户系统，这是需要企业重视且细心维护好的基础部分。企业对外与消费之间的各种活动，不论是线上的还是线下的，都要及时地让这些数据进入用户管理系统。再者就是要向有经验的企业学习数据的前期挖掘，根据常规渠道的数据再结合自己用户系统里数据获取产品创新或营销依据。例如，根据一位母婴消费者购买的婴儿车和纸尿裤，就可以在奶粉、婴儿服等产品上提前为其做好服务准备。我们企业的数据库建立后要让数据活起来，所谓活起来就是企业必须和客户建立互联互通的关系，保证自己数据的时效性，不会变成过时的死数据，当消费者在社会化媒体上发言时，我们企业一定要和企业建立联系，这样也能使企业在建立和更新数据的路上方向清晰目标可及，有的放矢地开展市场活动。

数据库建立后，通过算法得到有价值的信息，然后开始依据此信息做产品和服务。当大家都懂得利用大数据通过有效的算法来开拓市场时，几乎让各个企业又站在了同一起跑线上。那么想赢得市场就必须在数据外也做好准备。大数据库中无论是原始数据还是分析的结果，这些都只是展示用户的生活规律，根据规律来判断市场机遇，依然离不开人脑的判断，人脑的加工就需要判断者具备很丰富的生活常识。

我们都知道大数据的强人是精准性，在全样本学习下显得威力巨大。但是我们看到诺基亚的惨败，在缺少了创新后，再好的大数据也救不了它。这就告诉我们企业重视对大数据的使用，但是绝不能拘泥于数据，如何在大数据分析结果的基础上做出自己独特的创新是企业面临的考验。在人工智能技术的协助下，企业掌控的信息会更加多元化，可以集中精力关注企业的重点领域。

人工智能发展是大势所趋，企业要想保持长期发展、保持企业的市场竞争力就必须适应人工智能的挑战，做好正确的应对策略。

2.2.3 智能时代下的数字化转型

当前，全球正在经历一场深刻的技术变革，曾经看似遥不可及的新技术已成为常态，技术进步体现在产业、社会和国家发展的各个领域，前沿技术以越来越快的速度渗透到人们的日常生活中，并在企业经营中发挥着更加重要的作用。越来越多的企业将云计算、大数据、物联网以及人工智能融入核心流程和管理体系，以提升生产效率和竞争力。可以预见，全连接的智能时代已经到来，企业的数字化转型势在必行。以下从企业经营管理、组织结构、经营战略、制造业等方面对数字化转型进行详细说明。

1. 重新定义的企业经营管理

经营管理是指企业围绕各类社会经济组织的发展目标，为了自己的生存和发展，对企业的内部生产、经营、人力、财务、设备等各要素、各环节进行计划、组织、指挥、协调和控制，其目的是使企业面向用户和市场，充分地利用企业拥有的各种资源，最大限度地满足用户的需要，取得良好的经济效益和社会效益。企业经营管理能力是现代企业发展中的一项重要能力，是实现企业有效管理和综合治理的能力基础，对促进企业转型升级，助推现代经济社会发展具有重要的意义和价值。

智能时代下，企业发展面临的形势和任务发生了很大变化，企业管理者需要加强对内部信息数据的整合工作以及体系建设，从而形成企业日常的业务往来以及分析工作等。企业经营管理的模式不仅要建立更加完善的企业内部数据平台，以更加模式化和系统化的平台来提升整体数据管理的工作效率，即企业需要进一步提升与社会网络的连接密度，在不同公共社交软件的平台上提升信息数据的整合效率，从而深层次挖掘企业经营管理需要的数据内容，完成后续的数据分析工作。企业也要加强对数据和信息的搜索强度和力度，站在企业声誉的角度出发，为企业的多种营销策略制定不同的发展方向，从而更好地适应新常态下的新要求，推动企业抓住发展机遇，朝着更好方向发展，为社会经济贡献更多的积极力量。具体来说，企业经营管理需要做到以下五点转型，如图 2-2 所示。

(1) 对应决策模式创新的领导力转型。如果一把手、总经理、CEO 不转型，下面再怎么推都会很困难。所以一定要有领导力转型，认识到数字化转型对于整个业务的价值所在。

(2) 对应运营模式创新的运营模式转型。如何提升效率、降低成本。

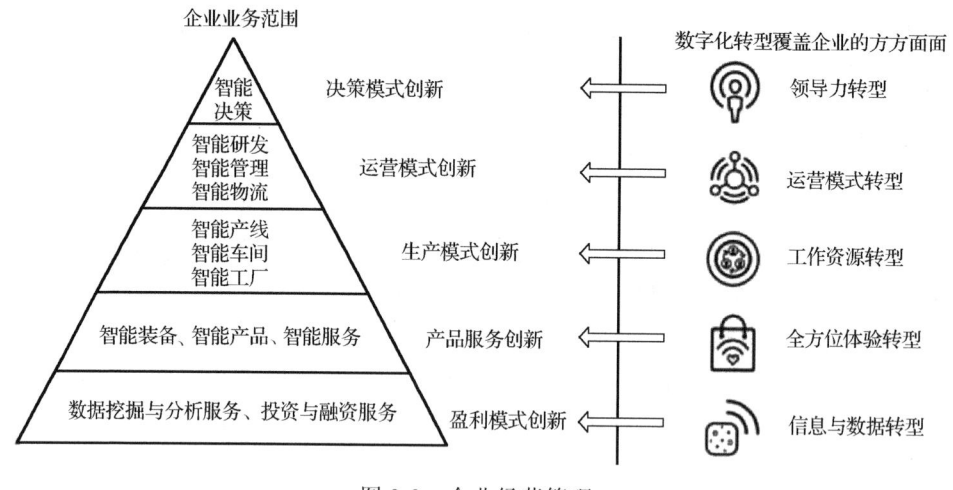

图 2-2 企业经营管理

(3) 对应生产模式创新的工作资源转型，即人力资源转型。每个企业管理者都希望企业销售额增加 20%，甚至 50%，但是员工数量不增或者减少。而不是业务增加 20%，人力资源数量也增加 20%，每个人再涨工资，因为这样会导致利润率下滑。如何利用信息技术整合更多的资源，进行工作资源转型很关键。

(4) 对应产品服务创新的全方位体验转型，特别是企业的用户，如消费者体验极为关键。

(5) 对应盈利模式创新的信息与数据转型。信息与数据未来产生的收入占总收入的百分比会成为未来转型的一个目标，将可能成为考核 IT 部门一个很重要的指标。

2. 重新定义的企业组织结构

传统的企业组织结构是金字塔形，等级制度严格，分工明确，有利于管理和控制。智能时代下，企业内外部环境发生了巨大的变化，传统企业组织结构所固有的弊端和新的环境汇集成两大尖锐矛盾：一是臃肿迟钝的传统企业组织与运转灵活、快速反应的市场竞争要求的矛盾；二是有碍创新的传统企业组织与知识经济激发智慧、不断创新的要求之间的矛盾。传统的企业组织结构中，高层领导不能深入地了解基层实际情况，基层有问题也往往传递不到高层。有问题却不能得到及时解决，就会阻碍员工的积极性和创造性。老旧的金字塔形组织结构，在数字化革命的浪潮中，已经跟不上大跨步的发展，企业如何进行组织转型是一个亟待解决的问题。有利于企业发展的组织结构没有固定的模式，但一般具有扁平化、网络化、柔性化等基本特征。

相对于传统的层级结构，扁平化的组织结构更能适应不断变化的环境要求。

组织结构的扁平化,就是通过减少管理层次、裁剪冗余人员来建立一种紧凑的扁平组织结构,使组织变得灵活、敏捷,提高组织效率和效能。管理大师彼得·德鲁克预言:未来的企业组织将不再是一种金字塔形的等级制结构,而会逐步向扁平结构演进。根据1988年对美国41家大型公司的调查发现,成功的公司比失败的公司平均要少4个层级。扁平化组织结构的优势主要体现在以下几方面:第一,信息流通畅使决策周期缩短,组织结构的扁平化可以减少信息的失真,增加上下级的直接联系,信息沟通与决策的方式和效率均可得到改变;第二,创造性、灵活性加强,使士气和生产效率提高,员工工作积极性增强;第三,降低成本,管理层次和职工人数的减少,工作效率提高,必然带来产品成本的降低,从而使公司的整体运营成本降低,市场竞争优势增强;第四,有助于增强组织的反应能力和协调能力。企业的所有部门及人员更直接地面对市场,减少了决策与行动之间的时滞,增强了对市场和竞争动态变化的反应能力,从而使组织能力变得更柔性、更灵敏。

组织结构框架从垂直式实现向扁平式转化,是众多知名大企业走出大而不强困境的有效途径之一。通用电器公司(GE)推行"零管理层"变革,杰克·韦尔奇把减少层次比喻为给通用电器公司脱掉厚重的毛衣。如在一个拥有8000多名工人的发动机总装厂里,只有厂长和工人,除此之外不存在任何其他阶层。生产过程中必需的管理职务由工人轮流担任,一些临时性的岗位由老员工临时抽调组成,任务完成后即解散。国内家电行业的知名企业长虹、海尔也不约而同地进行了企业组织结构的调整,从原来的垂直的金字塔结构实现了向扁平式结构的转化。

组织结构的网络化是指信息的传递不必再遵循自上而下或自下而上的等级阶层,企业内部无差别、无层次地进行信息交流,能够实现部门与部门、人与人之间的直接信息交流。网络组织最本质的特征在于强调通过全方位的交流与合作创新和双赢。全方位的交流与合作包括了企业之间超越市场关系的密切合作,也包括了企业内部各部门之间、员工之间广泛的交流与合作关系,而且这些交流与合作是以信息技术为支撑的,并将随着信息技术的发展而不断强化。当然,网络关系不能完全取代组织中权威原则的作用,否则组织就会出现混乱,所以网络组织中的层级结构始终是需要保持的,只不过在组织结构网络化的条件下,采取的是层级更少的扁平化结构。

组织结构网络化主要表现为企业内部结构网络化和企业间结构网络化。企业内部结构的网络化是指在企业内部打破部门界限,各部门及成员以网络形式相互连接,使信息和知识在企业内快速传播,实现最大限度的资源共享。杰克·韦尔奇曾致力于公司内部的无边界化,无边界化使内部沟通畅通无阻,极大地提高了管理效率。企业间结构网络化包括纵向网络和横向网络,纵向网络即由行业中处于价值链不同环节的企业共同组成的网络型组织,例如,供应商、生产商、经销商等上下游企业之间组成的网络,如通用汽车公司和丰田汽车公司就分别构建了一个由众多供应商和分销商组成的垂直型网络。这种网络关系打破了传统企业间明确的组织界限,大大提高了资源的利用效率及对市场的响应速度。横向网络指由处于不同行业的企业所组成的网络,这些企业之间发生着业务往来,在一定程度上相互依存。最为典型的例子是日本的财团体制,大型制造企业、金融企业和综合商社之间在股权上相互关联,管理上相互参与,资源上共享,在重大战略决策上采取集体行动,各方之间保持着长期和紧密的联系。组织的网络化使传统的层次性组织和灵活机动的计划小组并存,使各种资源的流向更趋合理化,通过网络缩短时间和空间,加速企业全方位运转,提高企业组织的效率和绩效。

由于组织是建立在个人、群体和组织内部子单位之间的动态合作以及与外部环境功能互补的基础之上的,因而临时性调整已成为组织在不确定环境中求得生存和发展的一个不可缺少的因素,也就是组织结构柔性化。组织结构柔性化是以创新能力为宗旨,通过分工合作、共担风险,以及适当的权限结构调整,向基层员工授权,并满足员工的高层次需要,增强员工的主人翁责任感,使其自觉地提高各自的工作标准,从而把组织意志变为个人的自觉行动。组织结构柔性化的特点就在于结构简洁,反应灵敏、迅速,灵活多变,以达到快速适应现代市场需求。

需要强调的是,组织结构柔性化产生的根本价值点在于其能从员工、客户及其他利益相关者的多种需求出发,提倡团队式合作的责任意识,使组织能够根据环境的变化,迅速、有效地配置企业所有的资源,然后通过发挥整体资源优势以解决组织发展中所面临的特定问题。

3. 把数字化转型当作第一经营战略

全球知名调研机构互联网数据中心(IDC)曾对 2000 位跨国企业 CEO 做过一项调查,结果显示到 2018 年,全球 1000 强企业中的 67%、中国 1000 强企业中的 50%都将把数字化转型作为企业的战略核心。数字经济解决的不仅是技术问题,更是企业生存发展问题。IDC 预计,到 2020 年,中国 GDP 的 20%来自业务数字化转型的增加值,数字化转型将上升到宏观经济层面,在改变企业运营方式的同时重塑经济面貌。全世界的大企业都已经把数字化转型作为核心战略,数字化转型进入加速期,全球进入数字经济时代。而对国内外新的经济形势和日益严峻的新挑战,智造时代数字化转型势在必行。对于传统企业尤其是传统的中小企业而言,数字化转型已经不再是一道选择题,而是一道生存题。

在数字化世界中,客户期待着自己的请求能够立即得到反馈,所以数字化时代的响应时间应该以秒甚至毫秒为单位。如果企业建立了客户第一的制度保障,基于这种情况，要满足客户需求，就必须在数据分析中部署用于实时分析功能的系统，尝试用人工智能实现决策，这样的自动化流程可以带给客户最好的体验和价值。数字化转型的精髓是以客户需求为主导，赋予了客户新的力量，只要移动手指，就可以投奔其他商家。这就从企业外部需求倒逼企业内部改革，要求企业树立数字化思维，即以数据融合共享为基础，横向上逐渐打通企业价值创造链条，纵向上串联起企业各层级、各管理和运作环节，推动企业从车间、工厂到企业甚至企业集团整体运作管理模式的数字化变革。例如，深化企业全要素的数字化感知、网络化传输、大数据处理和智能化应用，推动业务链、价值链和管理链的集成整合，打造实时化、透明化的企业综合运营管理平台，推动生产方式向柔性、智能、精益化转变，延伸企业服务链条和服务环节；创建企业的"数据中心"和"管理驾驶舱"，推进管理决策机制创新，实现数据驱动的精准高效决策和快速反应，全面提升企业研发、生产、管理和服务的数字化水平，更好地满足客户的高品质需求。

4. 工业互联网发展，着重制造业数字化的转型

工业互联网是新一代信息技术与工业系统深度融合形成的产业和应用生态，其核心是通过联网化、自动化、数字化和智能化等技术手段，激发生产力，优化资源配置，最终重构工业产业格局。根据美国通用电气公司(GE)等权威机构的分析，2030年全球工业互联网将达到15万亿美元经济价值，将影响全球一半的经济规模；中国工业互联网市场规模将达到1.5万亿美元。工业互联网还将带来绿色节能、安全环保、和谐高效等一系列社会价值。

GE于2012年提出了工业互联网的概念，强调工业领域硬件层、信息层打通以及跨领域的集成，打造工业设备+工业平台+工业APP的生态体系。2015年，GE基于其在航空、轨道交通、能源、医疗等领域设备市场的优势推出Predix工业互联网平台，该平台连接工业设备、采集和分析工业数据，从而实现基于数据分析的设备管理、设备预测性维护等功能。西门子公司早期致力于工厂内部的数字化工厂改造，其在德国建造的安贝格工厂，实现了物流、产线、环境和人员的全面联网，75%的工序是自动化完成的，是智能工厂的经典案例。2017年4月，西门子公司推出的工业平台MindSphere开始提供开放API、接入第三方开发者。2018年，德国政府在发布"数字化战略2025"之后，设立了数字委员会，发布了"高科技战略2025"。俄罗斯也发布了数字经济计划。G20会议也发布了G20经济会议的部长宣言。

我国从国家战略的高度重视工业互联网顶层规划和设计。2015年，国务院发布了"中国制造2025"，将制造强国提升至国家战略地位；2016年，国务院制定了11个配套文件，完成了"1+X"的规划体系制定。2015年，国务院发布《关于积

极推进"互联网+"行动的指导意见》,提出"提升制造业数字化、网络化、智能化水平",加强产业链协作,发展基于互联网的协同制造新模式;2016年,国务院发布《关于深化制造业与互联网融合发展的指导意见》,明确2018年和2025年两个阶段性目标。在此指导下,工业和信息化部印发《信息化和工业化融合发展规划(2016-2020年)》。2017年11月,国务院发布了《关于深化"互联网+先进制造业"发展工业互联网的指导意见》,国务院办公厅发布了《关于创建"中国制造2025"国家级示范区的通知》。2018年,我国工业互联网相关政策密集出台,发展环境持续优化。为深入贯彻落实国务院《关于深化"互联网+先进制造业"发展工业互联网的指导意见》,工业和信息化部发布了《工业互联网发展行动计划(2018-2020年)》《工业互联网专项工作组 2018 年工作计划》《工业互联网平台建设及推广指南》《工业互联网平台评价方法》《工业互联网 APP 培育工程实施方案(2018-2020年)》。相关政策持续出台,凸显了我国政府对工业互联网的高度重视。

目前,工业互联网是各国抢占国际制造业竞争制高点的共同选择,也是助力我国工业"弯道超车"、实现制造强国的重要途径。工业互联网技术主要应用在产品开发、生产管理、产品服务等环节,其主要应用模式和场景可归纳为以下四类:一是智能产品开发与大规模个性化定制;二是智能化生产和管理;三是智能化售后服务;四是产业链协同。在产品开发和服务环节应用工业互联网技术的企业,一般致力于开发智能产品,提供智能增值服务;在生产管理环节应用工业互联网技术的企业,一般主攻发展数字工厂、智能工厂。从调研情况看,我国制造业规模庞大、体系完备,但大而不强问题突出。尤其是传统制造业,自主创新能力不强,生产管理效率较低。很多中小微企业在激烈的市场竞争中,面临如何挖掘需求和开拓市场化的巨大挑战,尚未意识到工业互联网能给企业转型发展带来的价值,企业升级的驱动力不足,并且中小微企业受到资金、技术、人才等方面的制约,在工业互联网应用方面也存在很大的障碍和门槛。在我国制造业低成本优势逐步减弱的背景下,必须着力提高产品品质和生产管理效率,重塑竞争优势,数字化转型正是提升制造业竞争力的重要途径。当前,需更好顺应数字经济发展趋势,解决好制造业数字化转型进程中的难点问题,切实推动制造业高质量发展。

中国航天科工集团有限公司、海尔集团公司、徐工集团工程机械股份有限公司、三一重工股份有限公司、富士康科技集团等龙头制造企业基于工业知识和模型沉淀能力,阿里巴巴网络技术有限公司、北京东方国信股份有限公司、华为技术有限公司等大型ICT企业基于云计算、大数据等使能技术,纷纷打造跨行业跨领域工业互联网平台。据统计,截至2018年,由制造企业主导建设的平台为30个,占比为40%,由信息技术企业主导建设的平台为45个,占比为60%,这些企业初步具备了建设跨行业跨领域工业互联网平台的能力。

尽管我国制造业数字化转型已经取得了一定成效,但阻碍行业发展的难点问题依然不少。

一是缺乏权威的数据标准。制造业企业每天产生和利用大量数据,例如,经营管理数据、设备运行数据、外部市场数据等。但是,工业设备种类繁多、应用场景较为复杂,不同环境有不同的工业协议,数据格式差异较大,不统一标准就难以兼容,也难以转化为有用的资源。目前,我国已有全国信息技术标准化技术委员会、智能制造综合标准化工作组、工业互联网产业联盟等多个从事相关标准研发的机构,制定了《国家智能制造标准体系建设指南(2018年版)》《工业互联网标准体系框架(版本 1.0)》等文件,但具体标准的研制和推广工作刚刚启动,市场接受度还不够高。

二是数据安全有待保障。工业数据的安全要求远高于消费数据。工业数据涵盖设备、产品、运营、用户等多个方面,在采集、存储和应用过程中一旦泄露,会给企业和用户带来严重的安全隐患。数据如果被篡改,可能导致生产过程发生混乱,甚至会威胁城市安全、人身安全、关键基础设施安全乃至国家安全。目前,各种信息窃取、篡改手段层出不穷,单纯依靠技术难以确保数据安全,相关惩罚措施也不到位,不能给数据窃取、篡改者足够的威慑。

三是数据开放与共享水平尚需提高。随着数字经济发展,企业对外部数据的需求呈现不断上升的趋势,包括产业链上下游企业信息、政府监管信息、公民基础信息等,将这些数据资源进行有效整合才能产生应用价值,但前提是这些数据能够被获得。目前,政府、事业单位等公共部门的数据仍处于内部整合阶段,对社会公开尚需时日。在社会数据方面,对哪些数据可以采集并独享,哪些数据能采集但必须共享,哪些数据不能采集还缺乏详细规定。

四是核心关键技术能力不足,信息基础设施和制造业数字化转型的基础相对薄弱。当前,关键工业软件、底层操作系统、嵌入式芯片、开发工具等技术领域基本被国外垄断。我国能够生产的工业传感器与控制产品大多集中在低端市场。控制系统、平台数据采集开发工具等领域的专利多为外围应用类,缺少核心专利。此外,虽然我国信息基础设施供给能力显著增强,但发展不平衡的矛盾依然突出。

以上这些都在一定程度上制约了制造业数字化转型的进程。以下是改进措施。

(1)完善支持鼓励政策,促进制造业数字化改造。通过技术改造贷款贴息、搬迁补助、职工安置补助、加速折旧、产业引导基金投资等方式支持和鼓励企业进行数字化改造;通过政府购买服务等方式鼓励中小企业与服务平台合作,引导中小企业通过上云提升数字化水平;通过试点示范,培育工业互联网平台,鼓励、支持优势企业提高工业互联网应用水平,推广网络化协同制造、服务型制造、大规模个性化定制等新模式、新业态。

（2）推动工业数据标准制定与应用，促进数据的开放共享。引导行业组织、企业研究制定工业数据的行业标准、团体标准、企业标准。梳理现有国家标准，适时将成熟的行业标准、团体标准上升为国家标准。加强标准体系与认证认可、检验检测体系的衔接，促进标准应用。加快公共数据开放进程，促进数据资源的高效利用。建立健全社会数据采集、存储、交易等制度，保障数据有序、规范应用。

（3）加强数据安全保护体系建设。强化工业数据和个人信息保护，明确数据在使用、流通过程中的提供者和使用者的安全保护责任与义务；加强数据安全检查、监督执法，提高惩罚力度，增强威慑力；严厉打击不正当竞争和违法行为，如虚假信息诈骗、倒卖个人信息等，引导、推动行业协会等社会组织加强自律。

（4）加强核心技术攻关，夯实技术基础。加大对通信、网络、人工智能、核心器件、基础软件等领域的技术研发资助力度，加强底层操作系统、嵌入式芯片、人机交互、工业大数据、核心工业软件、工业传感器等核心技术攻关。增加企业牵头的科研项目数量。完善政府采购制度，加大采购力度，从需求侧拉动技术发展，帮助新技术、新产品进入市场。

（5）围绕制造业数字化转型要求，增强信息基础设施支撑能力。适应数字经济发展对信息基础设施的要求，现有信息基础设施仍需加强普遍服务。与此同时，数字工厂、智能工厂对信息基础设施的要求远高于互联网，基于明确需求和应用场景的5G建设在工业领域可以适当加快。

（6）加强国际合作，提升国际影响力。当前，美国、德国正在合作探讨工业互联网参考架构(IIRA)和工业4.0参考架构模型(RAMI4.0)的一致性，最终有可能形成统一的架构。我国应发挥产业门类齐全、市场规模大、数据资源丰富等优势，谋求与其他国家的深入合作，并引导行业组织在国际合作方面进一步发挥作用。

（7）统筹规划与再就业培训、社会保障体系有机结合。制造业数字化转型将大幅地提高企业的智能化水平、减少普通就业机会。同时，旧有的知识、技能不能适应数字工厂、智能工厂要求的劳动者也难以适应数字化的服务业的要求。对于可能出现的新情况，相关部门需及早谋划、做好预案，通过技能培训、提供公益性岗位等化解就业压力，同时切实发挥社会保障体系的作用。

2.2.4　智能时代下的企业变革

智能时代下，随着物联网、云计算、大数据、人工智能为代表的新一代信息技术的加速发展，全球新一轮科技革命与产业变革正在蓬勃兴起。这加速了全球产业数字化、网络化、智能化的变革，加速了智能社会的发展，为世界经济打造新动能、开辟新道路、扩展新边界。目前全球企业处于数字经济和实体经济的协调发展中，各家企业纷纷推出新型的企业战略，争夺企业竞争新优势。"企业大脑"

应运而生，以企业经营发展、企业健康经营、企业科技创新、企业风险管控、企业可持续发展为核心，运用物联网、云计算、大数据和人工智能等新一代信息技术，改变企业传统的管理、经营方式，让企业变得智能化，为企业增添智能大脑。

1. 企业经营管理的变革

不论中小型企业、大型企业还是国有企业都是我国国民经济的重要组成部分，在社会经济的发展过程当中具有至关重要的作用。经济全球化的今天，企业经营管理无疑是企业经营的重要组成部分。

企业的经营管理模式是在实践过程中逐步积累、沉淀下来的，包括一系列的管理制度、规章、程序、结构和经营管理的方法。现代企业经营管理的模式通常采用先进的集成化管理和决策系统，这其中包括企业资源计划(ERP)、制造资源计划(MRP)、精益生产(LP)、供应链管理(SCM)、企业过程重组(BPR)等。随着人工智能的快速发展，企业管理的对象、方式、目标已经发生了巨大的改变，企业势必要将人工智能技术融入自身的管理和服务当中，以便提升企业价值。

财务管理的变革，现有的信息化系统集成应用已经实现了财务管理电子化。通过机器代替人的方式在基础财税工作中实现全过程自动化处理，采用计算机视觉、语音识别等技术能够很好地将枯燥、烦琐、高强度的会计工作转向计划预测、投资分析这种机器人所不具备的多维度、多层面的思考性工作中去。只有通过人和机器的有效配合才能将机器数据变成对企业经营管理有用的决策，帮助企业提升管理的工作效率和质量。

人力资源管理的变革，企业经营发展有四大要素，即资金、管理、技术和人才，其中人才是企业发展最关键的要素。随着人工智能的广泛应用，大型企业中的人力资源不再专注于考勤、档案等事务性工作。像京东、华为等企业已经将人工智能应用在人力资源的行政事务上，解决了基础人事的繁杂工作，实现了机器替代人完成人才供应、人才测评、人才规划、薪酬、考勤等人事工作。

人工智能时代对企业人力资源的变革并不是去繁为简，而是释放劳动力，去统筹管理整个企业的人力状况，更好地带动整个人力资源的进程发展。

人工智能对企业经营管理模式的改变路径是清晰的，财务、技术、人力管理的改革势必会影响企业的健康经营、经营发展、科技创新、风险管控和可持续发展。

2. 企业经营管理新模型

在互联网经济时代下，人工智能的发展为企业经营管理提供了方法和手段。新技术的涌现，由信息系统和人工智能技术构成的企业大脑不仅能够支持企业数据采集、汇集、聚合以及深度挖掘，还能够表现信息多维度、多层面的特征，同时监控企业运营、管理协同以及决策支持。

企业管理中决策效率低、经营层对各层级数据和经营状况掌握不足、全局意识不强、规划执行不到位、管理不科学、评估机制缺失等一系列的问题阻碍了企业正常的经营发展。企业大脑作为一套连接管理者、员工、用户的智能终端和中心系统，可记忆所有的问题和答案，进行任务和信息的分派，完成数据的收集、分析、计算和展示，企业人员通过自然语言甚至语音可直接与企业大脑进行交流。企业大脑的决策符合现代企业多维度的管理方式，符合产业延伸的需求，能够在决策效率、经营掌控、战略落地、降本提效、资源调配等方面提供科学的管理、决策支持系统，使管理者更贴近业务，使管理精细化成为可能。

增强战略落地效果，企业大脑对战略规划进行分解和细化。通过一系列量化指标使企业高层管理人员能及时、准确地把握和调整企业发展方向。并通过全面、全级次的系统连接以最快的速度落实在行动中，并保证战略实施的准确性和保密性。

提升企业决策效率，企业大脑通过控制终端的信息采集和输入，显示企业综合信息、关键资源、发展趋势；市场、客户、竞争对手信息；供应商、库存、生产质量管理信息，迅速发现顾客需求、外部环境和竞争对手的动态变化，使决策者做出及时准确的反应，提升决策效率。帮助经营管理层提高科学决策、组织协调、执行落实的能力。

降低企业管理成本，企业大脑将企业内部数据范式统一标准管理，提高信息透明度，保证数据的实时性、准确性和完整性，避免了信息的传递错误，做到减少冗长会议、见面沟通等占据的时间，改变过去那种信息不通、情况不明、盲目决策、相互矛盾的现象。从而显著地降低企业管理成本。

促进资源合理调配，企业大脑从全局层面上打破了行业与业务的界限，并且能够纵向穿透公司总部、二级单位、三级单位的全级次。通过计划管理和直达现场的管理，提高工作效率，有效合理地调度配置企业资源，进一步落实目标责任制，把资源精准落实到项目，落实到一线员工，提高资源调配效率和指向性。

3. 打破信息孤岛的智能系统

人工智能时代，企业信息系统已经相对完善，在企业经营管理的众多方面都具备了成熟的信息化管理系统。企业的信息化程度相对以前已经有了显著的提高，但企业的信息流仍然被禁锢在企业内众多系统中，形成了众多的信息孤岛。这也就限制了人工智能的发展，迫切需要建设顶层架构为人工智能提供全样本的支撑。中小企业数据上云、大型企业建设顶层平台能够将企业经营管理的信息孤岛和业务隔阂打通，实现信息之间的无缝连接，有利于提高企业管理决策的有效性。

打破信息孤岛，实现企业基础设施的集中化和节约化。数据的价值和应用水平决定了企业大脑的准确性和运行效率。实施企业大脑，首先要对企业现有的网络架构、信息资源进行梳理分析，以便充分利用。将分散在企业内部各个职能部门的信息资源共享到云平台或者构建一体化的数据中心，将数据归一处理。此外企业大脑还需要整合企业外部的征信数据、企业所处行业的动态数据等。利用互联网、物联网、通信网、云计算、大数据、移动互联网、人工智能等新型技术手段帮助企业实现数字化转型，打破企业内部和外部的信息资源边界。

企业大脑是在现有信息系统上的理念升级。解除信息孤岛的禁锢，我们将获取企业员工数据、外部客户数据、管理数据以及外部资源数据，很好地为机器的记忆提供了全样本的数据，为企业大脑分析的准确率和效率提供强有力的基础支撑。

4. 人工智能替代重复性工作

人工智能技术包括深度学习、智能机器人、计算机视觉、虚拟个人助理、自然语言处理、情境感知计算、实时语音翻译、视觉内容自动识别、推荐引擎等。人工智能技术的多样性能够让机器在众多场景中实现模仿人类的工作。

企业大脑建设前期，实现人教机器。人工智能的优势在于它在模仿人类的行为习惯，让机器具备记忆力和判断力。企业经营管理中不难发现基础会计、基础人力资源的工作是重复、机械的，采用人工智能技术很容易实现模仿。某互联网公司，采用人工智能技术实现了办公的无纸化、智能档案管理、智能考勤、智能员工测评等基础性工作。员工仅凭员工卡便可以在园区畅通无阻。目前公司的基础人事人员与员工比例是1∶5000，真正意义地实现了人工智能替代重复性工作，能够很好地保证工作高效率、高质量，让人类的智慧更加集中于创新和创造。

麦肯锡全球研究院(McKinsey Global Institute)的研究指出，42%的财务活动通过采用成熟的技术可实现全自动化，还有19%可实现近全自动化。随着企业规模的日益增大，面对企业内部流程巨大而又杂乱的数据以及出纳、管账入账、财报等重复而又繁重的业务诉求。企业势必要采用自动化和人工智能的手段推动企业的数字化转型。

企业自动化是指基础任务自动化和高级认知自动化，财务的自动化要从较简单的交易岗入手，同时要确保人力资源和财务人员的安置能力，通过调整招聘与留用战略，获得所需要的财务人才。人工智能并非是完全取代基础会计的角色，而是为了帮助财务人员从烦琐的基础核算中解脱出来，将工作中心放在财务的高级分析上。人工智能在财务领域的应用主要目的是帮助企业降低成本，提高财务管理、基础会计的工作效率和准确性，利用机器科学、智能的管理数据，帮助企业更好地发展。财务自动化示意图如图 2-3 所示。

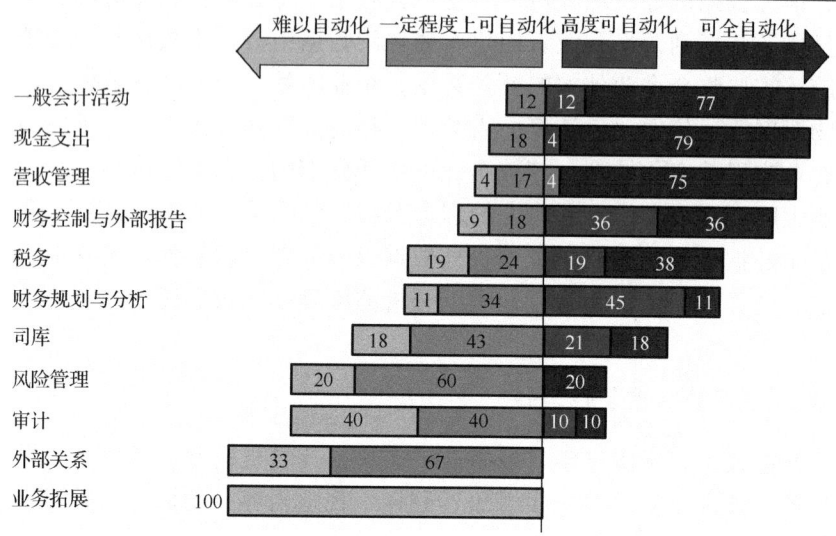

可自动化的财务活动百分比

财务活动	难以自动化	一定程度上可自动化	高度可自动化	可全自动化
一般会计活动		12	12	77
现金支出		18	4	79
营收管理	4	17	4	75
财务控制与外部报告	9	18	36	36
税务	19	24	19	38
财务规划与分析	11	34	45	11
司库	18	43	21	18
风险管理	20	60	20	
审计	40	40	10	10
外部关系	33	67		
业务拓展	100			

图 2-3 财务自动化示意图

2.2.5 智能时代下的企业资产

随着数据资源越来越丰富，数据资产化将成为企业提高核心竞争力、抢占市场先机的关键。数据已经显示其划时代的颠覆力量，数据本身不产生价值，但是可以通过企业将生产经营中产生的数据进行收集、整理、分析，用于服务自身经营决策、业务流程，从而提高产品收益。企业大脑的建设也将以扎实的技术，打破数据之间信息孤岛状态，应用云计算、大数据和人工智能技术帮助企业实现数据资产化运营。如何打破企业数据资产的信息孤岛？如何让数据资产发挥其商业价值？如何在数字化领导力的指引下，加速数字化进程？以下从资产垄断、信息孤岛、商业价值、数字领导力等方面对企业资产进行详细说明。

1. 企业数据资产的垄断

随着人工智能技术的发展和应用普及，运用机器学习辅助企业决策的企业越来越多。据《中国大数据发展调查报告(2018)》显示，接近 2/3 的企业已经成立了数据分析相关部门，企业对数据分析的重视程度进一步提高，数据量为 50～500TB 的企业数据在进一步增加。

数据资产垄断的特征包括：数据可能造成进入壁垒或扩张壁垒；拥有大数据形成市场支配地位并滥用；因数据产品而形成市场支配地位并滥用；涉及数据方面的垄断协议；数据资产的并购。

从数据占有角度，数据资产或将成为产业兴衰的关键因素，像谷歌、Facebook、亚马逊等大型互联网公司，就是凭借其不断膨胀的数据资产，对传统行业造成了极大的威胁。谷歌依仗其在世界上最大的网页数据库，打破了微软的垄断。Facebook 的崛起也是因为其拥有世界上最多的人员关系数据库。亚马逊也是拥有世界上最大的商品电子目录。这三个大规模的数据库公司位居互联网企业的前几名。

从数据流动角度，信息以数据形式呈现后，借助功能不断增强的网络技术、存储技术、计算技术、先进算法等工具，可以实现海量收集、存储、加工、传输，从而不但使物理世界可以在虚拟世界完整、全面、清晰地"镜像化"，还可以通过算法对全数据进行分析，深刻洞见物理世界不同部分的相互关系。因此，数据技术使人类在信息交流、使用等方面不断突破时间、空间、规模、范围等的限制，并获得对客观世界的新认知。数据及数据技术应用于经济领域，极大地改善信息不对称、不完全状况，大幅度地降低交易成本，使商业活动发生革命性改变。商业组织、商业模式、生产方式、交易标的、交易手段、交易地理范围等，都发生翻天覆地的变化，数字经济由此蓬勃发展起来。数字经济的发展将带来数据量的剧增。

从个人信息保护角度，个人信息数据面临不断增加的知情权、安宁权、处分权和信息泄露的风险，单纯的隐私权本身尚不足以有效地应对各类新状况，必须加快构建综合治理模式。除了制定专门的个人信息保护规范性法律文件，还需要确立告知-同意原则作为信息收集和利用活动的基本原则，并强化技术化手段及打击信息犯罪活动，以应对大数据时代个人信息安全面临的威胁。

从政府部门角度，近年以来，大数据产业发展备受关注。据新华社报道，在我国，大数据产业的发展受制于一些政府部门对于公共数据的垄断。政府部门所掌握的许多公共数据，不仅可以用于社会管理和服务，如果其向社会开放数据平台，这些数据可能会获得进一步挖掘和应用，提高社会生产力，使社会运转更高效。GPS 全球卫星导航系统就是个最典型的例子，该系统前身为美国军用系统，冷战结束后，该系统被开放给公众使用，并且在此后取消了对民用 GPS 精度的限制，由此掀起了 GPS 产业和应用热潮，形成了数百亿美元的新市场，如今我们生活中 GPS 的应用无处不在。在我国，数据公开并不存在多少技术性障碍，许多政府机构都有自建的内部数据平台。但是，这些机构往往把这些数据当成部门的私有财产，莫要说与外界分享，就是政府机构内部的互联互通都成为问题。这种公共数据的部门化、垄断化，无疑与社会开放的潮流相悖。须知，政府数据也是一种公共财产，属于全民所有，政府数据取之于民，也要用之于民，不能让部门利益成了公共利益的绊脚石。政府非涉密数据更加公开，更广泛地服务民众，服务于社会创新，受益的不仅是民众，也会给政府的公共治理，带来极大促进和改善。

2. 企业数据资产的信息孤岛

随着信息社会的来临，数据日渐成为企业核心资产和竞争力。数据市场由于多方利益博弈造成的数据割据，乃至形成数据孤岛的现象更加明显，这也成为制约行业发展的瓶颈。

企业内部数据孤岛现象是当前广泛存在于我国企业信息系统建设中的问题，并且直接影响到我国能否顺利进入信息化、大数据化时代。企业内部数据孤岛的成因复杂，当前多数研究更多地集中在从企业数据中心等顶层设计层面解释和解决内部数据孤岛问题。但是看起来完全没有关系的企业，都在默默收集和存储自己的业务数据，即使企业不知道用这些数据可以干什么。

数据孤岛的存在对于企业内部信息流通具有非常强的阻断性和危害性，目前广泛地存在于我国企业内的数据孤岛已经成为我国企业信息化道路上的巨大障碍，也是我国迈向工业 4.0 过程中必须解决的重要问题。企业内部的数据孤岛成因复杂，往往和信息技术、企业管理、业务特点，以及政府的大数据发展协调机制、信息保护和开发的制度性文件、大数据标准化顶层设计等外部与内部多方面因素相关联，而解决数据孤岛问题时也要综合考虑以上各方面的要素。以下，就企业内部数据孤岛的内在成因做简单分析，并提出一些解决中国企业内部数据孤岛问题的建议。

1) 企业内部数据孤岛的主要内在成因

薛慧锋等指出，在信息化推进的过程中，广泛地存在着企业各个部门之间信息系统分散建设，形成应用软件的使用和数据的管理完全各自独立、信息不能互相联通的体系，而这些彼此孤立的信息体系使得企业部门间难以实现信息资源共享和协调合作，最终形成了企业内部的数据孤岛。另外，企业自身对于现代数据管理的重要性认识不够和企业内部数据标准规范的缺失也是造成数据孤岛现象的重要原因，在这一点上，学术界也已经达成了普遍共识。

一些研究者主张以建立数据中心的方式解决企业内部数据孤岛问题。这个观点的主要理念是在企业内部现有的各个分散的信息系统基础上建立一个统一的数据空间，即数据中心，并通过数据中心实现对企业元数据和业务数据的分别存储和管理，为各个部门的信息系统功能模块提供统一的数据源接口，以实现企业内部不同部门间的数据共享、数据管理和数据传递。

2) 数据孤岛的解决对策

在信息专业人数有限的情况下，如果各个部门都能够对企业信息平台的建设提供稳定的支持，则能让整个信息化平台的开发处于一种比较理想健康的状态。以下提出四点对数据孤岛问题的解决对策。

(1) 企业需要把信息资源规范与业务流程重组结合起来，参考成功企业的经验和知识，站在全局的角度对企业管理模式进行重思考，有针对性地进行系统数据全面摸底和系统分析。

(2) 信息化需要领导全程参与，没有从头到尾地参与决策，数据孤岛问题就难以有成效地减少，也就无法保证信息化运行的最后成功。

(3) 信息化是一项综合性的工作，也是一个非常复杂和艰险的过程，需要恰当的量、合适的度、单一的标准。

(4) 企业的发展离不开全体员工的配合和支持。

因此，企业只有下大力气打破数据孤岛，达到企业整个信息系统的集成统一，使用适合的数据保存介质，正确选择数据传输的连接点，并通过清晰的规划数据传输流程的方式来逐步消除企业内部彼此孤立的数据孤岛。

3. 数据资产的商业价值

随着大数据、云计算、物联网等新技术不断向人类生活渗透，人类交流和生活方式也跟着发生了变革，有价值数据也变得越来越多。大数据挖掘数据资产的价值，而云计算的出现为大数据的存储和传输提供了方便，也为数据的分析和处理提供了重要保障。

数据资产的战略意义不在于掌握庞大的数据信息，而在于从有意义的数据中获得有价值的信息，这些信息通过对数据进行存储、整理并分析挖掘而获得，最终衍化出一种新的商业模式。数据资产正在各行业中催生商业价值，引起社会的第三次产业革命。

然而，许多传统企业已认识到大数据的价值，但传统企业发现在实际应用与数据资产变现之路上困难重重。从价值提升角度而言，对于很多大中型企业来说，相比于外部数据，实际上其内部大数据的整合与挖潜会更有业务价值。

企业在应用的基础上，通过对内部数据和应用效果反馈的持续整合与分析的迭代，可逐步构建起企业大数据价值应用的闭环生态链。

企业在技术实现中，要将研究员的理论经验/规则抽象为专家知识库，再配合机器学习、自然语言理解与规则推演等大数据分析技术，从而能快速自动化分析大规模(亿级以上)行为数据，生成个性化用户标签，为企业服务。

企业大脑主要以客户需求为导向，带动个性化专用领域定制，渗透行业领域，提高知识图谱和四库的建设与实施能力。利用核心支撑引擎库，面向企业决策层管理者提供决策决议和发展规划等成果，实现决策层对企业的监管控、智囊服务和自主决策，有效地提升企业管理水平。本书就企业大脑对其数据资产的商业价值进行分析，其提供的核心商业价值主要表现在以下几方面。

(1) 提高企业决策的科学性和效率。高效的决策是指用最短的时间、最少的费用形成科学决策。它的要求可以概括为三性，即时效性、费用性和科学性。企业大脑主要为企业决策层服务，通过数据和专家系统、规则库、知识库等资源支撑企业战略管控与战略决策。那企业大脑是如何提供决策服务的呢？企业大脑以多方、多维数据为输入，以内部数据治理和计算为过程，以微服务提供对外接口，以工作平台为工具，最终以企业应用形式提供决策服务。

(2) 优化企业的管理和运营过程。企业大脑的建设依赖于两个条件：一是需要采集到满足企业需求的标准化的决策数据；二是依赖其根据专家系统、规则库和知识库输出的决策模型。其应用场景是当企业出现待决策事项时，企业大脑从主语料库有针对性地采集需要的决策数据，经过决策模型的分析后形成风险可控的有效管理策略，在风险可控的前提下保障企业在重大事项上的敏捷反应，提升整个企业的运行效率。

(3) 实现企业的辅助决策功能。实现平台化的思维，但不是所有的企业都有这个条件做出像谷歌那样的人工智能工作，这个实际就是工业互联网平台的智能化，企业大脑的范畴。把各类共性中小企业管理、流程规则、生产过程优化、决策优化、资源配置、产品全生命周期监测等算法、功能板块化，同时汇集更多的开发工具和算法库、知识库，快速实现对各类中小企业的业务和应用决策服务。

4. 企业资产和数字领导力

随着企业越来越多地通过数字化战略来实现企业规模的加速扩大、效率提升及发掘新计划，工作世界将持续发生变化。变革的步伐在加快，许多企业根本无法竞争，并且竞争从各个角度涌来。展望未来，机器人和人工智能等技术预计在未来十年内影响20多亿个工作岗位。这些趋势既是挑战，也是机遇。能在数字化环境下高效运作的领导者，正在引领其组织超越那些数字化领导力较弱和落后者的企业。伴随着职场的日益数字化，这种绩效差距只会继续扩大。

"互联网+"的高速发展，推动了企业技术、管理和商业模式的变革。目前，数字化转型快速渗透到绝大多数行业，"互联网+"为企业的管理方式带来了颠覆性的改变。这些变革不仅需要新型的企业运营模式，也需要新型的领导力来组织和执行这些模式，企业领导力也应由过去传统的模式变为互联网思维的新型领导力。但是，绝大多数的企业领导力的建设却滞后于数字化转型的步伐，成为制约企业持续发展的瓶颈。"互联网+"为企业的传统模式带来了巨大挑战。这种变革不仅涉及企业的运营和管理模式，更需要新型的领导力来配合组织和执行，企业的领导力也由传统领导力发展模式向互联网数字化思维进行转变。

传统的领导力是领导者具备的素质和内在特性，是实现团队或组织目标、确保领导过程顺畅运行的动力。而数字化领导力是数字化时代的关键领导力，主要表现在以下几方面。

(1) 科技驱动：利用新技术，促进组织的业务战略与运营升级。

(2) 迷途领航：拥抱复杂多变的数字化环境，保持目标明确，持之以恒。

(3) 共创整合：在日益离散，趋于生态化的工作环境中，建立人与人的连接，各种信息与潜在机会间的关联。

(4) 调动人心：在人际互动中保持科技手段与人性化之间的平衡，用真实的同理心与包容心领导他人。

(5) 全局思维：用不同的方式思考问题，关注和理解全局，并寻求创新与创造的可能性。

在数字化领导力的指引下，我们要加速数字化进程，领导者的思维与工作方式必须发生改变。那企业如何加速数字化进程？其表现在三个关键要素：新的学习文化、新的工作环境、HR 的新角色。在 2018 年《全球领导力展望》报告中，我们发现，如果企业的领导者擅长运用数据制定决策，相较于那些面临大数据时代，完全还没准备好的企业相比，其企业的人才战略和业务战略密切整合的可能性要高出 8.7 倍，拥有较强实力领导者继任梯队的可能性将提高 7.4 倍，企业在过去三年内快速发展的可能性提高 2.1 倍。

毫无疑问，制定数字化领导策略，这一技能与数据的关联度最强，排在了第一位。领导虚拟团队和数字科技敏锐度也排在了前五位。所以，让领导者不仅能够熟练地使用数据，并且能够公正地使用数据，与他人有效合作。在强调数据驱动决策的同时，若能同时着重人际互动能力，也是企业从大数据中提取价值成功率的一种重要途径。

5. 企业资产决定企业大脑深度

在人工智能时代，没有大脑的组织，将成为管理、运营和发展上的"低能儿"。由于信息产业大潮不断冲击，推动制造业信息化、数字化转型。目前，许多大型企业已具备智能化应用的基础，就企业大脑而言其部署环境已相对成熟。另外，作为工业化与信息化的最好切入点，我国提出的工业互联网平台既与德国工业 4.0、美国工业互联网有一脉相承的产业脉络，同时也有国家落地政策的积极助推。因而，推出工业互联网平台，围绕云和数据构建企业大脑，助力传统行业转型升级。

在国家战略层面，浪潮集团董事长孙丕恕提出，在国家人工智能开放创新平台中增设企业大脑方向，着重解决人工智能在企业应用中的共性难题，制定垂直细分应用标准，并针对当前尚不能完全解决的企业痛点，聚焦场景应用，研究相关的算法、模型和工具，沉淀领域和行业知识，助力打造智慧企业。

围绕具体的产业政策角度，孙丕恕进一步建议，推动人工智能与工业互联网的融合发展，利用大数据、人工智能、物联网等新技术，打造智慧企业大脑，推动跨界创新，大幅提升生产力，适应定制化、自动化、智能化的制造业发展趋势。

以企业数据资产为核心的产业融合创新不断加速各产业、各领域构建企业大脑的步伐。企业大脑是一款基于人工智能、大数据等新技术的融合而构建的企业智能化创新平台，在高层辅助决策、内部效率提升、风险内控、产品全生命周期以及信用评估等关键领域为企业赋能。企业大脑也是企业智能化开放创新平台，实现端到端的流程，挖掘企业大数据的价值，形成智能决策，智慧实现管理运营智能化的平台。

这正如孙丕恕为企业大脑所总结的：要实现在企业中建立智慧企业大脑，一方面需要用数据化的思维驱动智能制造，将数据作为企业的核心资产；另一方面要依靠新兴信息技术，把研发、生产、物流、市场和销售环节都统一到智能数据平台上，用强大的计算力在海量的数据中挖掘价值。

企业大脑的进化史未来将成为我国企业向数字化、智能化转型升级的一个缩影。

综上所述，我们分别从数据资产的垄断现状，如何打破数据资产的信息孤岛，如何让数据资产发挥其特有的商业价值和数字领导力，以及如何让资产决定企业大脑的深度五个方面对智能时代下的企业资产做了分析。因此，数据的价值和应用水平决定了企业大脑的准确性和运行效率。企业大脑的建设将分散在企业内部各个职能部门的信息资源共享到云平台或者构建一体化的数据中心，将数据归一处理。企业大脑的建设从整体上改善了企业对决策层的数据管控能力，将数据的价值提升，为企业管理层决策与日后业务创新提供了有效支撑。

2.2.6 智能时代下的企业系统

企业系统是把企业人员、设备、资金、材料、信息、时间等有限资源，合理地组织起来用最小的成本或最短的时间，应对和化解所有变化带来的企业危机，从而让企业获得合理的利润，使企业有可持续经营发展的能力。企业系统主要包含四个子系统：决策、营运、指挥、监督，这个四个子系统都有明确的目标和系统职能，其目的是达成企业永续经营的目标。随着时代的发展与进步，尤其是现代社会互联网技术、移动终端设备技术的迅猛发展，对现代企业的管理产生了划时代的影响。随着互联网中的各种信息在企业当中的应用，企业将会收集更多关于客户、产品、设备、运营、销售等情况在内的各种信息，并通过互联网技术分析此类信息对企业管理的影响，来帮助各个企业更准确地分析预测现状，把握发展机遇和企业未来。

1. 企业的大数据战略

随着信息化、工业化的深度发展，以大数据为代表的信息技术正在成为全球经济和社会发展的强大驱动力。如何把握住新一轮科技革命和产业变革的发展机遇，充分地运用大数据技术和资源，探索行业的科学管理方法，实施行业大数据战略，利用企业大数据实现改革转型升级，是企业面临的重大课题。下面从企业实施大数据战略的背景和意义、现状分析、思想和保障措施三方面进行阐述。

1) 企业实施大数据的战略背景和意义

随着信息化、工业化的深度发展，以大数据为代表的信息技术正在成为全球经济和社会发展强大的驱动力。大数据作为战略性资源的地位日益凸显，一国拥有数据的规模、质量以及运用数据的能力体现了部分国家竞争力。少数发达国家将大数据发展上升为国家战略，具有重要启示意义。

实施大数据战略是顺应国家稳增长、促改革、调结构、惠民生的战略选择。作为新时期的战略资源，大数据已经深刻影响着国家经济社会发展的各个领域。随着我国经济发展进入新常态，无论是转方式、调结构、提质增效，还是打造大众创业、万众创新的新发展环境，以大数据为代表的新一代信息技术都充当着越来越重要的角色，成为产业发展转型、管理方式变革和社会效率提升的新驱动力。

2) 企业实施大数据战略的现状分析

随着第四次工业革命的到来，以大数据为代表的前沿技术，深度改变了传统的生产生活方式，已经上升到国家战略层面，占领国际竞争战略的制高点，为世界经济的发展注入前所未有的新动力。推动现代信息技术与传统产业深度融合，为企业转化发展提供动力，提高企业竞争力。

近年来，我国信息化建设取得显著成就，全面推进大数据发展和应用的时机也已成熟。党中央、国务院对此高度重视，强调要开发应用好大数据这一基础性战略资源，促进大众创业、万众创新，改造升级传统产业，优化政府监管服务，提升社会治理水平。发展大数据已经成为我国提升治理体系与治理能力现代化水平、实现经济发展新常态下弯道赶超的重要机遇和战略抉择。在企业大脑应用方面，大数据集中在财务、人力资源等方面，数据量多面广，且分布极散。各个业务系统之间的数据没有打通，没有统一的数据规范和标准化的体系，都是按照系统自己的口径和理解习惯上报，很难形成高质量标准的数据仓库。如何规范数据标准，建立数据服务体系，真正利用大数据技术服务于全行业依然任重道远。

3）企业实施大数据战略的思想和保障措施

对于企业大脑来说，从大数据中挖掘有价值的，用大数据思维预判趋势，及时、准确地分析预测行业走势，寻找企业发展战略大方向，促进行业转型升级和健康可持续发展具有重要意义。究竟如何制定企业大脑的大数据战略，从而让大数据能够真正为企业大脑所用，产生相应的价值呢？

（1）搞好顶层设计，高度重视大数据战略制定实施。大数据已成为智能制造企业重要的战略资产，但是大数据价值的释放依然有限。树立实施大数据的决心，打破部门之间信息壁垒，加强大数据管理相关的统筹规划，理清大数据对于企业战略和业务目标的支撑重点，明确大数据和应用的关键环节，务实推动大数据战略的落地实施。要站在战略全局的高度加强组织领导，形成大数据战略工作合力。要与各个领域的管理系统紧密结合，系统地解决在大数据战略建设中遇到的问题，建立管理科学，运行高效的组织体系，推动大数据建设各环节能够流畅、高效的运行。

（2）加速多层次人才队伍的培养和建设。人才的缺乏依然是制约大数据发展的重要因素。加快建立适应大数据发展需求的人才培养和评价机制，创新人才培养模式，建立健全多层次、多类型的大数据人才培养体系，将企业打造成大数据人才的聚集地，为推动大数据产业发展提供强有力的人才保证和智力支撑。所以，我们要不断引进大数据分析人才深挖数据价值，同时也要搞好人才培养，建立专业能力强的信息化团队。

（3）加强行业数据标准建设、提升数据质量。数据的开放和共度已经成为数据价值实现的基础条件之一，但目前智能制造行业依然缺少数据标准方面的建设，导致行业内部各单位之间、行业之间进行数据共享的过程中缺少标准，增加了数据集成的难度，也引发数据质量方面的诸多问题。因此，要加强行业数据标准建设、提升数据质量。

2. 智能社会的企业系统变革

企业有效的管理体系是企业在不断地理论探讨和历史实践经验沉淀中积累形成的。企业管理是现代企业生存的基础，在当今企业活动舞台无限扩大的时代，规范化、标准化、科学化的企业管理办法才能推动企业更好的发展。企业管理也是现代企业竞争的原动力，在现在多元化竞争市场环境中，保持企业鲜活的竞争力是必不可少的，而只有积极加强企业自身管理，完善企业自身缺陷才能使得企业在面对市场经济体制的挑战时从容不迫。企业管理还是企业提升员工归属感和生产力的直接因素，规范化、正规化的企业管理不仅能影响企业员工的职业成长，还能保证企业的核心竞争力。

在智能互联时代，随着智能化浪潮的出现，在云计算和大数据的基础上企业能够轻易地获取大量前所未有的消息，但更多高质量信息带来的透明度不仅为企业未来工作造成不稳定影响，更在很大程度上加剧了当今商业环境的复杂度。面对这样的挑战，人的能力和身边可利用的资源是有限的，越来越多的工作需要更复杂的逻辑推理、高强度的算法操作和更快地获取结果。随之而来的是企业管理面临新的挑战，不仅充斥着大量细节性、重复性的操作，还伴随着复杂的多样化信息量。而传统的企业信息系统中的企业内部孤岛效应在这些挑战面前被无限放大。在智能社会通过集体决策和众筹智慧来解决企业问题将有更大潜力创造更高价值，而智能化、自动化技术不仅能解放人力避免资源浪费，更能帮助企业提升效益，这些效益包含并不限于提升生产力、改进产品质量、提高安全性、减少波动变化、减少浪费和提高用户满意度等。

在智能社会，智能化为企业管理带来的革新是全方位多面化的。对于产品，对市场走向和消费者需求的敏锐洞察是企业保证市场竞争力的重要前提，伴随这些更新和迭代，适应市场和针对消费需求的产品尤为重要，不仅能缩短新产品开发周期还能在市场需求变化中保持竞争力。对于用户，作为信息载体，用户的社会属性、生活行为等信息可以抽象出标签化的用户模型，用户画像的构建可以使企业的服务对象更加聚焦和专注，用户模型不仅对新用户判断是否有潜在消费，还能挖掘潜在用户，并根据用户标签推荐相应的产品或新闻。对于企业本身，洞察消费者动向是紧跟市场潮流的重要因素，可以间接影响产品的发展。智能化技术对于用户消费评价内容可以做到高质量、高效率的洞察，不仅能获取评价内容的核心观点还能及时地对评价者做出情绪解析，预测出消费者的喜好和市场动向。智能化技术对于企业内部的变革也有极大地推动，仅光学字符识别技术就可以在资源管理、财务管理等方面提供自动化识别、判断和拆分，从而在一些重复性较高的手动操作工作上节省人力资源。

企业在智能社会推动下进行的企业管理变革必然影响企业系统的变革，传统的企业信息系统已经无法承担万物互联时代的责任，智能化企业系统是应运而生的。智能化企业系统相对于传统企业系统有鲜明的技术特征，其中决策支持系统是最普遍也是最基础的实现，传统的信息系统提供的是数据和报表，而智能管理系统不仅可以收集和整理数据，还可以对数据做出客观的判断，分析之间的关联，并且信息来源不仅仅只是企业内部，还可以通过整体行业数据的自动获取和更新。

决策支持系统可以帮助企业做出多种方案支持决策人员选择最佳方案，指定管理策略，正确的决策在企业面临非常激烈的市场竞争中直接影响企业运营。专家系统也是智能管理系统常见实践，并且发展相对成熟，当前市场范围内有多个专家系统成功运行，例如，云南玉溪卷烟厂运行的营销分析专家系统。专家系统是对应或相关领域多位专家积累的实践经验，通过结合企业自身状况分析，对当前企业战略进行判断，为决策提供参考意见。知识库系统同样是智能管理系统中的关键一环，它以企业数据库为基础，是企业参与市场变化和竞争过程中积累的宝贵经验。知识库系统为智能管理系统提供了全面的数据依据，对专家系统和决策系统提供了非常重要的积极作用。

伴随企业应用系统智能化的推进，传统应用的各类业务隔离，多样化业务间无法进行交互和联通，打破企业应用信息化的孤岛势在必行，所以智能社会下的企业系统变革核心是移动化、平台化和智能化并行发展。智能化发展的根本依赖是机器算法对大数据进行分析生产的可靠价值。在当前以及未来长时间发展来看，移动传播体系将是长时间内人类主要的传播系统，这种可以随时随地以多样化手段和方式接受和传播信息的传播系统产生大数据的生产力是空前的。移动化的独特魅力在于能够保证每个人的数据实时上传，能够发现每个人的特征，锁定每个人的需求。平台化是大数据汇总在应用平台上对数据分享、交流信息、资源置换等多种垂直应用连接而成的生态级平台。这样的一种平台，会构建强大的数据集合，实现各种垂直应用和各种用户数据的聚合，具有强大的存储能力、计算能力和分析能力，使大数据真正体现价值，使得平台和各个应用的用户黏性得到增强。而基于智能化技术特点，一是基于对处理事务规则的算法化，二是基于大数据提供的深度学习资源，三是基于云计算提供的即时的数据汇聚能力和运算分析能力，直接提升了平台的能力，使得平台具有处理各种海量信息空前的可能性。移动化的自身特点为智能化提供了海量数据，智能化中仅分发支持就为移动传播效率的提升做出极大贡献，而智能化还强化了平台的功能，为平台做到了额外的赋能。移动化、平台化和智能化三者相辅相成，实现全面整合企业资源，极大地提高了内部协调和对外服务能力，这种效率的提升从根本上提升了企业的核心竞争力。企业大脑正是面向移动化、平台化和智能化的企业智能系统研发实践。

3. 企业大脑对企业战略的影响

1）更加精准的战略定位

企业战略最终决定了企业的竞争优势，是具有攻击性的市场定位。精准的战略定位可以帮助企业理清未来的发展方向，帮助企业在激烈的竞争中脱颖而出。

企业大脑在海量数据处理支持下能为企业提供市场、行业等大范围、多维度、全级次的关键信息输出，帮助企业在当今产品同质化越来越严重、企业竞争多样化的时代中能够明确自己的战略优势，做到聚焦再聚焦的同时能够更坚决地做出取舍，找准属于自己的特性，在更新迭代过程中提供更强的生产能力和更符合市场、用户的高品质产品。

企业大脑在企业战略定位方面结合企业内外部因素，为企业定位提供多种分析模型，为企业决策者提供多种企业战略方案。其中对于宏观环境分析提供常见的模型。

(1) PEST 分析模型。

企业所处宏观环境分析模型从政治(politics)、经济(economic)、社会(society)、技术(technology)四个方面，结合企业战略的眼光来分析企业外部宏观环境的一种方法。宏观环境是外部约束公司战略制定的客观因素，PEST 分析法能从多方面把握宏观环境的现状和变化趋势，有利于企业及早发现环境带来的威胁并制定措施，能及时地抓住对企业生存发展的机会并加以利用。

在 PEST 分析的内容中，政治因素是政府干预的程度，是指一个国家或地区的政策、体制、法律法规等方面因素时常影响着企业的经营行为。经济因素包含经济增长、利率、汇率和通货膨胀率。企业在制定战略过程中必须考虑国内外经济条件、宏观经济政策、经济发展水平等因素，这些因素对企业的经营和决策有重大影响。社会因素包括文化因素、健康意识、人口增长率、年龄分布、职业态度和安全重点等，这些因素对作为社会主体的人有直接影响，从而对企业战略形成约束。技术因素则是企业业务所涉及国家或地区的技术水平、国家的技术政策、新产品开发能力以及技术发展的动态等。

(2) 六力分析模型。

六力分析模型是在波特五力分析模型的基础上，对产业竞争影响力的扩展。它认为影响企业竞争态势的因素包含竞争者因素、供货商因素、客户因素、潜在竞争者因素、产品或服务的替代方式和协力业者因素。其中竞争者因素是企业竞争者的多寡以及竞争者的资金实力、企业构型和产品的战略价值都直接影响竞争强度。供货商因素是供货商的多少以及供货商商品的稀缺程度直接决定了供货商的议价力量，而这正是决定企业与供货商主导地位的主要因素。客户因素是客户对企业的知悉程度、客户转换成本的高低、自身向后整合的可能性和客户自身的议价能力都决定了客户的交易程度。潜在竞争者因素是指那些并非在相同行业但采取市场及产品扩张策略、拥有特殊资产能力的公司可能随时准备进入市场并带来一些新的产能，不仅共享市场还可能带走部分资源。产品或服务的替代方式是六种因素中最关键的因素，任何新技术都可能颠覆旧有的秩序，替代产品或服务可能创造一个新的市场环境从而影响产业利润。协力业者因素是指与自身企业具有相互支持与互补关系的其他企业，合作关系能使双方共赢，而平衡共生的关系也可能随时因为其他因素打破。

六力分析模型能帮助企业分析当前所处的竞争环境，明确企业在竞争中的优劣因素，并确定对改善企业和提高企业本身效益的策略性创新。

(3) 波特竞争对手分析模型。

波特竞争对手分析模型是从企业的现行战略、未来目标、竞争实力和自我假设四个方面分析竞争对手的行为和反应模式，了解竞争对手的发展方向、战略地位以及对行业未来发展前景的预测，从而使本企业在竞争中处于有利地位。

(4) SWOT 分析模型。

SWOT 分析模型即基于企业内外部竞争环境和竞争条件下的态势分析，就是将企业相关的各种内部优势、劣势和外部的机会和威胁等因素汇聚起来，通过矩阵排列并进行相应的分析，从中得出一系列对应的有一定决策性的结论。通过这种分析可以让企业对当前所处的环境有一个全面的、系统的、准确的认知，从而对企业未来的战略定位提供帮助。态势分析主要因素有四种。

①S（strengths）——优势。企业优势是态势分析优先考虑的因素，作为企业生存的根本，企业具备的自身优势决定了企业长期发展的状况。针对企业优势需要考虑的方面有企业是否有明确的发展目标、企业自身的经济状况、企业自身的技术特色以及企业是否具备市场条件和产品竞争力。

②W（weaknesses）——劣势。对于企业自身不能只考虑优势，企业的劣势也是态势分析时必须关注的。一般来说，企业劣势并不仅是源自企业自身的短板，还有可能是企业与其他竞争企业对比过所有线路的一些差距致使企业衰退。其中分析因素主要包括企业生产经营成本是否过高、企业发展目标不明确、技术特点落后和创新能力偏弱以及企业自身营销能力是否需要提高等。

③O（opportunities）——机会。企业态势分析不仅仅需要对企业内部自身做评判，还需要结合企业在面对市场竞争态势需要探索的方面，外部机会就是其中一方面。所以企业如何看待机会和如何把握与掌控机会是一项重要任务，而面对市场机会，企业往往需要关注的是服务范围是否要扩展、是否要开拓新的区域、是否需要通过合作拓展市场占有率以及是否能够收购竞争对手等。

④T（threats）——威胁。市场竞争态势带来的不仅仅是有机会，还伴随着威胁，而这些威胁往往可能会对企业经营造成不好的影响从而导致企业衰败。例如，加入市场的竞争者带来的威胁、替代产品抢占了市场份额、新出台的法规增加了企业经营成本和企业客户或者供应商的影响力增强等。

SWOT分析模型一般根据优劣势分析和机会威胁分析进行组合,其中常见四种组合如下所示。

优势-机会组合(SO):这是一种着重发展企业内部优势和利用外部机会的思想战略模式,目的是在企业具有某种特定优势时利用外部机会将优势扩大。

劣势-机会组合(WO):此战略模式是为了利用外部机会来弥补企业自身缺点,改善企业劣势从而获取优势。

优势-威胁(ST):企业利用自身优势,在市场竞争态势中回避或者减轻外部威胁对企业造成的影响。

弱点-威胁(WT):旨在减少内部劣势,从而做到对外部环境威胁的回避与防御。

(5)价值链分析模型。

企业价值链分析旨在帮助企业了解价值活动的创造性和重要程度,帮助企业对价值链的战略环节做出改进和提升,从而提升经营效率,降低整体成本,实现价值最大化。其中价值活动就是企业所从事的物质上、技术上界限分明的活动,是企业创造企业效益的基石,企业利润也可以看作总价值和企业价值活动总成本之差。正常来说并不是所有的价值活动都会创造价值,而是只有某些特定的价值活动才真正地创造价值,这些价值活动就是价值链中的战略环节,也是企业要保持竞争优势的关键。

价值活动一般分为基本活动和支持性活动,基本活动主要是企业产品的物质创造和销售以及转移买方和售后的各种活动,常见的主要有四种类型:进料后勤、生产作业、发货后勤和销售等。而支持性活动又称为辅助活动,服务于基本活动,通过提供采购投入、技术、人力资源和企业范围的职能支持基本活动,常见的支持性活动有四种:采购与物料管理、研究与开发、人力资源管理和企业基础制度等。

运用企业价值链分析方法不仅要求企业需要密切关注企业的资源状态,还要求企业关注与培养在价值链战略环节上的核心竞争力,企业间的协调和合用价值链可以获取最优化效益,从而形成和巩固企业的竞争优势。

(6)战略地位与行动评价(SPACE)矩阵分析模型。

战略地位与行动评价矩阵主要是分析企业外部环境及企业应该采用的战略组合,矩阵的四个象限分别表示企业所采取的进取、保守、防御和竞争四种战略模式。矩阵中的两个数轴分别代表了对企业的总体战略地位最为重要的四个因素:两个内部因素——财务优势(FS)和竞争优势(CA);两个外部因素——环境稳定性(ES)和产业优势(IS),如图2-4所示。

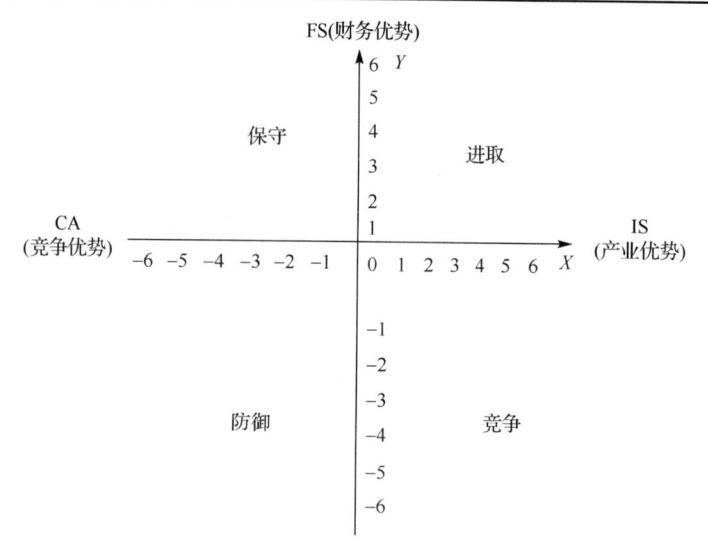

```
              FS(财务优势)
                 6 Y
                 5
        保守     4      进取
                 3
                 2
   CA            1                IS
(竞争优势)                      (产业优势)
   -6 -5 -4 -3 -2 -1 0 1 2 3 4 5 6 X
                -1
                -2
                -3
        防御    -4      竞争
                -5
                -6
              ES(环境稳定性)
```

图 2-4　SPACE 矩阵

SPACE 矩阵建立需要以下几个步骤。

(1) 选择构成财务优势、竞争优势、环境稳定性和产业优势的一组变量,SPACE 矩阵要按照被研究企业的真实情况而定,根据企业类型的不同,轴线可以代表多种不同的变量。

① 财务优势(FS):投资收益、杠杆比率、偿债能力、流动资金、退出市场的方便性和业务风险。

② 竞争优势(CA):市场份额、产品质量、产品生命周期、用户忠诚度、竞争能力利用率、专有技术知识和对供应商与经销商的控制。

③ 环境稳定性(ES):技术变化、通货膨胀、需求变化性、竞争产品的价格范围、市场进入壁垒、竞争压力和价格需求弹性。

④ 产业优势(IS):增长潜力、盈利能力、财务稳定性、专有技术知识、资源利用、资本密集性、进入市场的便利性和生产效率比及生产能力利用率。

(2) 对于构成财务优势和产业优势的各变量给予从+1(最差)到+6(最好)的评分值,相应地对构成环境稳定性和竞争优势的各变量也给予从-1(最好)到-6(最差)的评分值。

(3) 将各数轴所有变量的评分值相加,再分别除以各数轴变量总数获取四个数轴的平均值。

(4) 将财务优势和环境稳定性(同位于 Y 轴)两项因素的平均值相加获取 Y 坐标,将竞争优势和产业优势(同位于 X 轴)两项因素的平均值相加获取 X 坐标。

自矩阵原点到获取横纵坐标的点画一条向量,该向量所处的象限就表示企业可以采取的战略类型,即若处于进取象限说明企业当前正处于一种绝佳的地位,企业可以利用自己的内部优势和外部机会选择自己的战略模式,例如,市场渗透、市场开发和混合式多元化经营等。若处于保守象限说明企业应固守基本竞争优势并避免激进冒险,此时应选择保守型战略,例如,市场开发、产品开发和集中多元化经营等。当处于防御象限说明企业应该集中精力克服内部弱点并回避外部威胁,此时应该选择类似紧缩、剥离、结业清算和集中多元化经营等防御性战略。处于竞争象限说明企业具备当前竞争优势并应该采取类似后向一体化战略、前向一体化战略、产品开发战略,以及组建合资企业等竞争性战略。

2) 最符合企业自身的战略规划

企业大脑不仅能提供行业及市场等多方位信息为企业明确战略定位,更能清晰明了地向企业展示自身的优势、资源、前景等各项因素。企业在制定战略规划过程中能实时地掌握市场、用户和竞争对手的动态变化,及时捕捉市场风向,了解当前产品需求并及时地对企业本身阶段目标与长远目标和发展方向做出评估与调整,并为企业挖掘在战略实施过程中可能起到决定因素的潜在问题与风险。企业大脑对企业自身的透明度,更能方便企业结合自身组织架构、人力资源、客户资源和财务资源等多方面进行评估,制定和及时调整企业战略规划。一个完整的战略规划必须包括企业发展方向和企业资源配置,而且在市场竞争环境快速演变的现实环境中,企业战略规划已然演变成企业管理者的一种常态意识,需要随着新技术的进步、新模式的发展而调整。在战略制定过程中战略的评价和选择尤其重要,在此方面除了前面提到的企业态势分析模型可以为企业提供帮助,企业大脑还可以提供其他分析模型予以决策支持。

(1) 波士顿分析矩阵。

波士顿分析矩阵是波士顿咨询公司开发的,又称市场增长率-相对市场份额矩阵,它认为决定企业产品结构的基本因素包括市场引力和企业实力,而市场增长率和企业市场占有份额分别作为这两种因素中最具影响的指标,市场增长率决定着企业产品结构是否合理,企业市场占有率则直接反映企业竞争力。波士顿分析矩阵发明者布鲁斯认为企业要成功,就必须拥有增长率和市场份额各不相同的产品组合,组合的构成取决于现金流量的平衡。所以波士顿分析矩阵是以市场增长率和相对市场份额为数轴的,根据数值的中值线形成的四个象限,如图2-5所示。

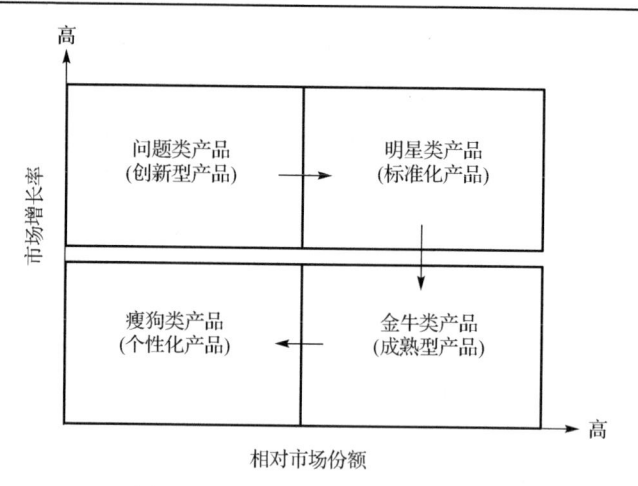

```
                    ↑ 高
          ┌──────────────┬──────────────┐
          │  问题类产品   │  明星类产品  │
     市   │ (创新型产品) →│(标准化产品)  │
     场   │              │      ↓       │
     增   ├──────────────┼──────────────┤
     长   │  瘦狗类产品   │  金牛类产品  │
     率   │ (个性化产品) ←│(成熟型产品)  │
          └──────────────┴──────────────┘
                                        → 高
                   相对市场份额
```

图 2-5 波士顿分析矩阵四个象限

四个象限代表的是通过两个因素相互作用会出现不同性质的产品类型，如图 2-5 所示，从而形成不同的产品发展前景。

明星类产品是处于高增长率、高市场份额的产品群，在高增长市场上具有相对高的市场份额通常需要大量的投资支持其迅速发展，并且在较强的市场地位并产生较高的报告利润下，会保持现金平衡状态。所以采用的发展战略是积极扩大经济规模和市场机会，以长远利益、提高市场占有率和加强竞争地位为目标。

金牛类产品是处于低增长率、高市场份额的产品群，即已经进入产品成熟期。因为进入成熟期，销售量大、产品利润高以及负债比率低，所以金牛类产品能用于向企业其他方面提供资金，发展业务。

问题类产品是处于高增长率、低市场份额的产品群，在迅速增长的市场上具有相对较低市场份额的业务需要大量的现金流入，以便为增长筹措资金，对问题产品应采取选择性投资战略。

瘦狗类产品是处在低增长率、低市场份额的产品群，在低增长市场上具有相对低的市场份额的业务经常是中等现金流的使用者。由于其虚弱的竞争地位，它们将成为现金的陷阱，对这类产品应采用撤退战略。

波士顿分析矩阵的精髓在于把战略规划和资本预算紧密结合起来，把复杂的企业行为用两个重要的衡量指标分为四种类型，用四个相对简单的分析来简化复杂的战略问题，可以帮助企业简单明了地在资源有限的情况下，合理地安排产品系列组合，收缩或放弃萎缩产品，加大在更有发展前景的产品上的投资，以保持企业持久鲜活的竞争力。

(2) GE 行业吸引力矩阵。

GE 行业吸引力矩阵是波士顿矩阵的改进版本，增加了更多的指标来衡量市场吸引力和企业实力，同时增加中间等级，所以称为三三矩阵，由于各个因素共同影响，企业可以通过增减某些因素来简便地使 GE 矩阵适应企业的具体意向或者市场特殊性的要求，如图 2-6 所示。

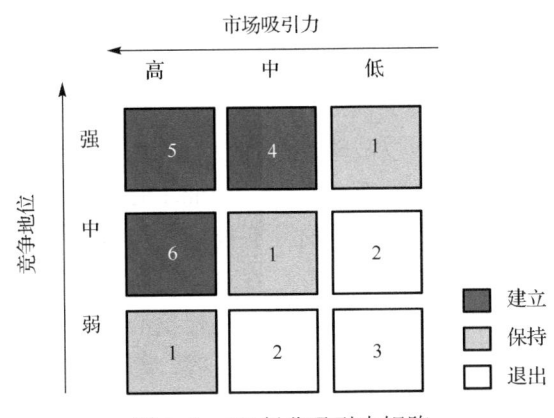

图 2-6　GE 行业吸引力矩阵

GE 矩阵的两个数轴分别表示市场吸引力和竞争地位，通过对两个变量进行多方考量并给出相应的评价打分，来确定企业在矩阵中的位置，由此来确定对该企业所采取的战略。其中对于市场吸引力需要考虑的因素不再仅仅是市场增长率，还有市场规模、市场替代品、市场竞争行业因素，还有政府法规、经济气候、通货风险等环境因素，相应地对于企业实力需要考虑的因素也不仅仅是市场占有率这么简单了，还需要盈利能力、相对价格地位、成本、服务、营销和客户形象等因素。

在进行评分时，每个标准都有三个等级，并且对于因素的重要性进行相应的加权，从而得到一个平均分数。通过企业在矩阵的位置，可以确定企业实施的主要战略应为采取增长和发展战略，应优先分配资源，投资建立地位；采取维持或有选择的发展战略，应保护规模，调整发展方向，通过平衡资金和投资以保持地位；采取停止、转移、撤退战略，应放弃并退出市场。企业通过多因素细支分析矩阵可以保证企业资源的合理配置，也可以根据自身情况合理平衡业务。

GE 行业吸引力矩阵在战略规划过程中一般要经历五个步骤。

(1)结合企业自身情况(产品、行业、地域等)确定企业战略业务单位并进行内外部环境分析。

(2)确定企业市场吸引力和企业竞争力的主要评价指标以及指标的重要性(确定权重系数)。

(3)结合企业行业分析结果，为企业战略业务单位的市场吸引力和企业竞争力进行评估和打分，并加权求得最终分数。

(4)根据战略业务单位总体得分将其标注在 GE 矩阵上。

(5)根据每个战略业务单位在矩阵的位置,对各个战略业务单位的发展战略指导思想进行阐述,对各个战略单位策略进行说明。

完整的战略管理体系是无法脱离战略实施和战略控制环节的,否则会导致战略方案无法落地,被束之高阁。

战略实施是以保障战略实现预定目标为方向,把战略规划所确定的意图性战略转化为具体的组织活动,所以战略实施需要有相应的组织保证,而且组织是服务于战略的,战略和组织结构的有效结合是企业生存和发展的关键因素,企业的成功不仅仅要能制定适当的战略,同时还有能建立可以贯彻其战略的适当的组织架构,并且战略实施是一个变革的过程,在这个过程中高阶领导发挥着特殊的作用。企业战略实施一般包括战略目标分解、优化核心流程、再造权责体系、创新绩效模式、改革激励机制、企业教练制度等内容,组织结构都与之密切相关,因此企业战略能否成功取决于组织的资源进行充分整合后所具备的组织执行力。

企业战略控制主要是企业在战略实施的过程中,检查企业为完成战略目标所进行的组织活动的进展情况,对企业实施战略后的企业绩效做出评价,与既定的战略目标和绩效标准做比较,发现战略差距,然后对情况做出分析使得企业战略的实施更好地与企业当前的内外环境和企业目标协调一致。企业战略控制主要包括战略控制(着眼于企业发展与内外部环境条件的适应性)、战术控制(处理战略规划实施过程中的局部、短期性问题)和作业控制(对企业内部各项业务进展情况的控制,通常有财务控制、生产控制、销售规模控制、质量控制和成本控制等方式)。企业战略控制也可以细化为具体内容,包括设定绩效标准、绩效监控与偏差评估、设计并采取纠正偏差的措施、监控外部环境的关键因素和激励战略控制的执行主体。

不仅仅在战略规划时需要分析企业和市场因素,在战略实施和控制阶段更无法脱离对现有定量分析因素、信息缺陷因素和不确定等因素的考虑。企业大脑为企业提供更加合理的资源分配体系,为战略活动结合市场和企业自身调节分析更加适合的人员和资金配置,并对企业活动执行过程进行监控分析以及对组织结构的数据实时分析,尽可能实时性地了解活动偏差和绩效评估,并及时为组织结构或者权威领导者提出适合的战略趋势,为企业战略实施和控制提供可靠的监控、分析和决策支持。

4. 企业大脑对经营管理的影响

在智能化时代,企业智能化管理是必然趋势,而企业经营和管理是相互依赖、密不可分的。企业经营是以企业为载体,为了以最合理、最少的物质消耗获得最大的物质利益而创造尽可能多的市场所需产品的经济活动。企业在物质生产和商品交换的经济活动中,往往还伴随着市场调查和预测、产品发展方向的选择以及长期发展的规划和决策等。企业经营管理是相互渗透的,经营是对外的,目的在于从企业外部获取资源和建立影响,管理是对内的,强调对企业内部资源的合理利用。符合企业自身的经营管理体系才能合理地组织企业生产力,使企业供应、生产和营销各个环节密切配合,使人力资源、资金、物质资源等要素合理配置,充分利用,以尽量少的劳动消耗和物质消耗,生产更多更好的市场需求产品,从而提升企业整体实力。

互联网技术的不断发展,对各大行业形成了很大的冲击,传统企业的经营也面临着新局面,如何利用互联网时代新技术来提高企业经营管理质量,成为当前传统企业的重要思考内容,直到企业大脑的出现,更是给传统企业经营管理提供了直接的思路与支持,因此,我们要对企业大脑有一个正确的认识,如何正确地应用到企业经营管理当中、怎样为企业的经营管理提供更好的支持、为企业更好地发展提供帮助,成为当下传统企业经营管理重要的变革之路。

有了企业大脑,企业的各种规章管理制度,将按要求结合到具体的每一个动作中,并可以对每个员工或特定人员进行操作培训与提示,人员的操作培训和提示也可以通过系统来完成,并进行专业系统的测试。当企业的各项业务更加流程化和规范化后,还可以进行数字化管理,并提供数字助理提升个体工作效率。企业将告别那些复杂的操作界面,企业大脑可以提供更加人性化的操作界面,一切的出发点将以人为主,同时还提供人工智能交互、自然语言、自然语音功能,告别键盘、按钮等这些费时的操作。企业大脑可以提供自动优化流程,按照预先设定的规则执行任务,能够替代业务人员处理重复性工作,如自动生成智能财务报告、管理报告、税务报告等,解放人力,提高效率。企业大脑可以通过图像识别技术,识别图像中的内容,并自动录入到系统当中,这样能够节约相关人员重复工作时间,如人员入职、报销等身份信息、票据信息等关键信息识别。企业大脑通过人工智能、数据挖掘、机器学习等方法进行深度的数据挖掘,将隐藏在数据背后的规律找出,预测企业未来经营发展趋势或有可能出现的风险,从"事后救"转向"事前防、事中控",辅助企业决策者评估风险,做出正确的决定,降低企业经营风险。

企业大脑是互联网时代的新型产物,由人工智能、云计算、云存储、大数据分析等新型信息技术融合而成,通过对企业数据深度的数据挖掘分析,来帮助企业进行最严谨的经营决策,可以大大地提升企业经营管理效率和水平,使企业经营管理更加规范化、标准化、智能化、高效化。

5. 打造企业数字转型的流程大脑

企业流程管理是以业务或管理流程为核心，服务于企业发展战略的一套管理方法体系，主要通过分析企业流程与企业经营指标的关联程度并监控企业流程的运行状况，了解到制约企业发展的瓶颈环节并做出相应调整，实现企业流程的不断优化，从而达到最终提高用户满意度和提高企业的市场竞争能力及企业利益的目的，实现对完成企业战略目标的支持。企业流程的优化可以看作从企业内部进行改革，优化企业职能管理的过程，消除类似价值活动重叠、中间层次多等问题，做到流程中的价值活动都是战略环节、企业规范显性化、提高企业资源配置合理程度和受控程度。企业流程的持续改进侧面地提高了企业管理的轻量化程度，缩短了企业管理过程中价值活动的周期，节约了运作资本和提高了工作效率。随着企业管理思想和高新技术的发展，高效的企业流程管理已经成为企业核心竞争力的主要组成部分。

以往的企业管理系统中是以流程驱动为根本的，在企业标准化管理的基础上，将价值链的价值活动分解成一个个流程节点，将这些节点分别对应到组织或者个人。流程的正确运行伴随着多项流程节点上的组织的权限限定和明确分工，而实际工作中流程的整体性往往会因为这些限定而出现模糊地带，造成流程无法按照理想化运行以至于增加企业业务或管理运行的成本。所以在流程驱动的时期，更多的是为了制定流程而去制定流程，而忘记了流程本身是为了提高用户满意度和工作效率的初衷。在数字化、智能化的时代，信息透明度的提高以及创新和迭代速度的加快打破了原有的组织边界。对于这种趋势，流程驱动明显过于死板，其中唯一不变的是流程中伴随的数据，这里的不变是客观的，数据只是在原有的基础上变得数据量级别更大、数据种类更多样化。所以以数据为中心，驱动业务的运营、战略的制定和创新的产生是企业改革的核心内容。

数据驱动通常会颠覆原有的企业流程管理，随着数字化、智能化的发展，在企业价值活动中的流程节点上，越来越多的人工流程会被淘汰，取而代之的是更多的智能化决策和自动化处理。随着数据的更新，原有的企业业务流程可能已经无法与现在的企业业务或管理事项匹配，因此流程再造势在必行，而传统的以管理人员为核心的流程再造过程也显得不合时宜。业务流程重组依旧关注企业核心问题，对事物进行追根溯源，不只是肤浅的改变而要抛弃所有陈规陋习，进行创新性的构建业务流程，使企业业绩有显著提升。流程重组的主要内容是重新设计和安排企业整个生产、服务和管理过程，对企业原有流程的每个环节根据数据进行全面的调查研究和细致分析，对不合理的环节进行彻底的改革。可以具体到这些步骤：对原有流程进行全面的功能和效率分析，发现原有的缺陷、根据分析数据并结合当前需求，设计新流程的改进方案并进行评估，为改进规划配备资源，形成企业系统再造方案和系统实施与持续改善等。随着大数据和智能化的发展，越来越多的流程相关的数据可以从流程的运行数据中挖掘，如上述的流程重组的具体步骤中所需要的信息和模式都可以从数据或者分析中得到。当企业掌握了流程的运行状况、流程存在的瓶颈以及流程的发展趋势就能够优化流程，甚至流程自动化重组，从而实现流程快速迭代更新并提供新的价值。

企业大脑所提供的流程智能旨在为企业提供一个数字化、智能化的企业流程管理中心。流程智能化并不是独立的技术，依靠企业大脑已有的数据汇聚、数据分析等特色功能可以深入地了解企业流程，持续地监控端到端的流程，合理高效地为流程配备资源，并灵活及时地预测运行环境的变化和应对出现的问题，及时更新流程使业务流程绩效和企业发展目标始终相对应。流程也可以综合业务活动监控、复杂时间处理和流程发现等管理方法，帮助企业管理者和企业流程业务人员洞察流程运行，使流程的运行高度透明化，便于流程管理人员不断提升流程质量从而改进产品和服务质量，提高企业效益和市场竞争力。

6. 企业大脑在社会经济中的地位和作用

企业履行社会责任，是社会经济得以迅猛发展的重要组成。企业是全民经济的细胞，是解决全民经济就业问题的重要渠道，是提高人民收入，城乡建设的重要力量。企业产品和服务的多样性、广泛性必然带动企业产业结构的多元化。企业产业结构的多样、多元化主要以新产品、新技术、新工艺、新服务等内容的出现为前提，在这些新的领域中，企业的灵活性和创造性得到更好的表现，更好地促进社会创新发展。在世界上主要的发达国家和发展中国家中，中小企业数量在整个国民经济中基本上占到企业总数的 90% 以上。我国随着改革开放 40 多年来的发展，无论是合资、独资、国有、私营、民营企业都得到了迅速发展。企业在社会经济发展中起着至关重要的作用，是整个国民经济的重要组成部分，承担着生产、分配、交换、消费、传播信息等功能，也反映了整个社会经济是否有合理的结构。

企业是市场经济活动的主要参加者，是以营利为目的而从事生产经营活动，向社会提供商品或服务的经济组织。在市场经济中，企业是主体，它既向市场提供社会经济发展所需要的各种生产要素，又从市场上购买自己发展所需要的各种原料、设备、技术；既是商品的生产者，又是商品的消费者。它的生产和经营活动直接关系着整个社会经济活动的发展。市场经济活动如果要顺利进行离不开企业的生产和销售，离开了企业的生产和销售，市场就成了无源之水、无本之木。因此，企业的生产和经营活动直接关系着整个市场经济的发展，保持社会发展的稳定性。

企业是社会生产和流通的直接承担者。企业首先要生产产品，也就是要组织社会生产，通过劳动者，生产资料(劳动工具等)作用于对象，从而生产出商品，这个过程就是企业组织社会生产的过程。企业在组织社会生产过程中必然要购买原材料，要在社会上购买其他企业生产的商品，再把自己的产品卖出去，这样卖出去买进来的过程就是参与了商品流通的过程。社会经济活动的主要过程包括生产和流通，这些基本上都是通过企业来承担和完成的，离开了企业，社会经济活动就会中断或停止。这样不仅影响企业的运营，同时也会影响人民的生活。所以企业的生产状况和经济效益可以直接影响到国家的经济实力，人民的物质生活水平。

企业是社会经济技术进步的主要力量，在经济活动中通过生产和经营活动，在竞争中不仅创造和实现社会财富，而且也是先进技术和先进生产工具的积极使用者和制造者，这在客观上推动了整个社会经济技术的进步。从企业在社会经济活动中的作用我们不难看出，企业就好比国民经济的细胞，我国的国民经济体系就是由数以百万不同形式的企业组成的。千千万万个企业的生产制造和经营活动，不仅决定着市场经济的发展状况，还决定着我国社会经济活动的生机和活力，所以说企业是最重要的市场主体，在社会经济生活中发挥着重大作用。

从上面几点不难看出，企业的经营状态关系整个国家的经济好坏。企业效益的增长和国家经济实力、人民生活水平息息相关。单个企业效益的增长可以在一定程度上带动地区经济发展，而对一个国家来说，整体企业效益的增长意味着国家经济的发展，国家经济的发展也就增强了国家的经济实力，国家经济发达，提高人民的生活水平。企业可以缓解社会的就业压力，企业为员工培训可以提高劳动者的技能和文化水平。企业捐款对慈善事业与社会公共事业的发展有一定促进作用。企业是社会经济发展无法替代的重要支撑，企业以生产或服务，满足人们物质和精神上的生活，它与人们的消费相辅相成、相互促进，而良好的企业经济对社会经济发展和社会稳定起着促进作用。

而怎样才能高效地发展企业，怎样才能让企业在这个高速发展的时代不脱轨，怎样更好地来经营企业，就成了重中之重。企业经营需要一个团队有计划、有规划、有条不紊地去策划，这样才能更好地迎合市场需求和客户需要。因此，企业需要有一个聪明的大脑，来支配企业的运营，而这个大脑就是企业大脑。

2017年中国国际大数据产业博览会上，浪潮集团董事长孙丕恕首次提出企业大脑概念。随着技术的不断发展，从大数据、云计算、云存储、人工智能等新一代信息技术在中国快速落地。互联网行业领头企业家创造各种行业智能大脑的产业，李彦宏的"中国大脑"，马云的"工业大脑"、"航空大脑"、"农业大脑"，周鸿祎的"安全大脑"，都在构建行业智慧场景，实现人工智能的真正落地。

企业大脑可以帮企业做什么？企业大脑可以将企业中出现的数据转化为知

识，帮助企业做出最好最正确经营决策；可以提升业务管理的效率和水平，使得企业业务及管理更加规范化、标准化和高效化。而这些现有的数据包括来自企业业务系统的订单、库存、交易账目、客户、供应商资料；来自企业内部人员、财务、支出等数据；来自企业所处行业和竞争对手的数据；以及企业所处的其他外部环境中的各种数据。企业大脑通过对这些数据的统计分析，来辅助业务经营决策。

总体来说，企业大脑是基于人工智能学习预测、云计算、大数据计算分析等新信息技术融合而构建的企业智能化开放创新平台；是一套综合性人工智能能力开发系统，是实现人工智能的必要方法与工具；是人工智能能力应用开发的底层技术系统。企业大脑可以辅助智能决策和业务自动化，驱动业务系统的智能化升级，实现企业的个性化、定制化、精细化的生产和服务。企业大脑是企业由过去经验决策向机器智能决策的标准配置，也是传统大企业实现数字化转型不可或缺的能力基础配置。企业大脑是现代企业发展不可缺失的重要组成。

7. 企业大脑将成为最信赖、最聪明的人

当前世界正在向万物互联进行转变，随着市场竞争不断加剧，使得越来越多的企业开始采用现代管理制度，从而提升企业的工作效率，降低劳动成本。特别是近几年来，我国政府十分重视企业信息化工作，企业信息化建设也取得了一定的发展。在现代企业管理过程中，随着现代企业制度的建立，企业已由粗放经营管理转向集约化经营管理，特别是我国加入WTO以后，全球经济一体化已成发展趋势，企业管理信息化从根本上来说就是把企业管理的各种制度细化，使用现代媒体对其内容进行规范，应用到企业经营管理的过程中。企业管理信息化实质就是把管理工作流程、职责、权限、指标等非常规范地应用到企业管理中心，提升企业管理效率和效能。

企业信息化包括销售、生产、服务等方面内容，是企业管理的信息化，是企业将融合世界先进管理思想的信息技术进一步的应用管理。企业管理信息化，对于企业的科学化决策具有提升作用。它能够提高企业业务办理流程的合理性和准确性，促进企业资源合理利用，能够在有限的资源条件下达到最理想的效果，对于企业管理效率与经营效率提高会起到非常好的作用。同时，企业管理信息化，还给企业得到别的企业的先进经验和成果提供了一个很大的交流平台。企业管理信息化，能够加快企业运行节奏、减轻劳动强度、提高工作效率、降低企业成本、加速资金流动、提高客户满意度等，提高企业核心竞争力，为企业直接或间接地带来效益。企业在大规模信息化变革后，虽然对企业经营管理有了非常可观的提升，但也引发了一些问题。

第一，信息化规划问题，企业信息化是指在企业发展战略目标的指导下，在理解企业发展战略目标与业务规划的基础上，诊断、分析、评估企业管理和信息技术现状，优化企业业务流程，结合所属行业信息化方面的实践经验和对最新信息技术发展趋势的掌握，提出企业信息化建设的远景、目标和战略。在企业中经常出现的情况是，拿到了同行企业、软件公司、咨询公司甚至高校老师的信息化规划就开始执行，前期也可能受限于资金预算，导致后期信息系统重复建设和信息孤岛的现象。

第二，功能难维护、难改进问题，体现为很多企业在购买软件后，因供应商专业软件开发团队或人士不足，导致后期维护之路漫长且高成本，给软件后期使用带来很大的风险。另一个问题就是改进难的问题，购买软件时可能都说得比较好，后期可以更新和维护，但真需要更新时不少软件供应商会收取服务费，或者改进需求的时间较长，对企业来说会造成资源耗能增加，运维成本上升。还有企业管理者在购买和选择软件时最容易出现的错误之一，当他们发现财务统计困难时，会去买一个财务管理软件，发现采购困难时，再去买一个采购管理软件。这样下去，公司确实有不少的企业管理软件，但每一个软件都是分开工作的，想形成合力很难。企业大脑可以提供个性化、定制化的服务，而且具有智能学习功能，可以更好地辅助企业智能化。

第三，非人性化问题，主要体现为界面设计不合理、操作复杂、非自动化、使用效率低下等问题，以菜单、键盘输入、按钮这样单一的交互方式为主。促使这些问题产生的原因是，企业软件一般都是以管理软件为出发点，企业软件研发者或设计者，总是希望自己的软件可以满足尽量多的用户，为所有用户而设计的想法，导致了软件强大而丰富的功能，同时也带来了复杂的操作界面与流程。没有层次和重心，把用户的所有操作均埋在菜单级中，操作容易出现错误，在使用中造成用户心理压力和不良情绪。企业大脑可以通过人性化界面和人性化对话的交互模式，通过与用户互动的方式来辅助用户解决问题，让使用者更加轻松地完成工作，提高工作效率。

企业信息化建设是一个长期连续不断改进的过程，显然每一阶段的投入都离不开信息化规划问题。要避免陷入信息化规划的误区，保障信息化规划达到预期效果，最关键的是做好如下内容：首先，企业信息化部门和业务部门的全面参与。企业要做好信息化规划，要使规划真正落地有用，企业高层要全面负责，与专家团队或相关咨询公司组成一个项目组(或机构)来完成规划。核心的业务部门，如营销、财务、生产等部门，应当抽调熟悉业务，要有信息化相关经验的业务骨干作为项目组执行成员。其次，企业应当在信息化规划过程中发挥主体作用。由于信息化规划的结果直接影响企业的信息化选型，软件公司或者以实施软件为主业的咨询公司直接介入信息化规划，难以得到中立、客观的结果，因此应建立一个由信息技术部门主导的并由技术专家、管理专家、业务专家、咨询公司等成员组成规划管理机构。在项目决策时，由该机构会同相关部门进行详细的调研、论证、分析需求，明确目标，细心听取多方意见，从而提高信息化规划的实用性和前瞻性。

关于这些问题的根本原因在于工作重心侧重点不一样，之前的企业软件主要是围绕着任务，而不关心人、服务、数据、交互，所有的行为都是关注业务需求，而不是服务需求，因为业务主人是信息系统的支付者，而且，也从来没有什么途径来反馈这些问题，也没有出现更好的技术来支撑这种服务。所以出现了上面这些功能难维护、难改进、设计不合理、操作复杂等问题。

而现在企业大脑可以提供一种全新的交互方式，依靠人工智能交互、自然语言、自然语音，用户只需说出相应的指令或提供需要的有效信息，就可以获得想要的结果。企业大脑还可以智能地推荐或分析结果相关内容，可以不断地学习记录数据使自己变得更聪明，通过人工智能、数据挖掘、机器学习等方法挖掘隐藏在数据后的规律，预测未来的发展趋势或可能出现的风险，由事后转向事前，辅助决策者评估风险，引导其做出正确的决策。流程自动化按照预先设定的规则执行任务，能够替代业务人员处理重复性工作，如自动生成智能财务报告、管理报告、税务报告等，解放人力，提高效率。

随着不断使用，人们很快会发现，企业大脑成为企业中最值得信任的"人"，因为它不需要休息、聪明伶俐、满腹经纶、非常专业，它能对你提出的问题给予最合理的答案，而且有自己的判断力，可以自我学习。企业大脑必将成为企业经营管理最忠心的伙伴。

2.3 产品功能

企业大脑功能主要分为五大子系统，包括数据支撑系统、大脑应用系统、大脑工作台、四库引擎系统、三池资源系统。

2.3.1 数据支撑系统

数据支撑系统支持跨平台异构数据实时或批量传输，兼容主流的 RDBMS、NoSQL 数据库、分布式文件系统、文件系统，同时可以根据其他合作厂商提供的 API 接口爬取数据。可视化大屏重点应用于企业多维度横向定性和纵向定量展示。

2.3.2 大脑应用系统

企业大脑应用系统决策应用，采集云端业务工作室数据进行深度挖掘分析，目前只进行了数据核心指标的历史追溯和模型预测工作，并没有多维度深度挖掘，只停留在表象，需要深入挖掘指标为什么低，细化到每一个人。

1. 企业经营发展

企业经营发展是以企业发展指数为基础的综合衡量指标。体现了企业的整体发展趋势和综合能力，体现了企业对社会的整体经济贡献指数。企业发展指数是综合利用 KPI 的各个指数，建立起企业发展状况评价体系，是企业发展的核心评价标准。其计算模型为

$$\delta_t(i,j) = \frac{P(i_t = q_i, i_{t+1} = q_j, o | \lambda)}{P(o|\lambda)} = \frac{P(i_t = q_i, i_{t+1} = q_j, o | \lambda)}{\sum_{i=1}^{N}\sum_{j=1}^{N} P(i_t = q_i, i_{t+1} = q_j, o | \lambda)}$$

数据需求是根据企业的财务报表数据和基本企业信息数，得到如下的基础经济发展指标数据项：销售利润、营业总收入、母公司所有者的净利润、平均归属母公司所有者权益、资产总额、负债总额、应收账款、存货款、流动资本、营业总收入、本年度科技支出总额、工业增加值、全部从业人员平均人数、工资支出总额、企业员工总数。

能够进行如下分析：
① 收入利润分析。
② 净资产收益分析。
③ 两金占流动资产比分析。
④ 技术进步投入占比分析。
⑤ 全员劳动生产率分析。
⑥ 工资产出比分析。

2. 企业风险管控

企业风险管控是通过企业的经营风险基本情况和工商数据、税务数据、法院公告、裁判文书等信息和基础数据进行综合分析，提炼出反映企业风险状况的模型，进一步地对企业的未来风险状况进行预测。其计算模型为

$$g(D,A) = H(D) - H(D|A)$$

其中

$$H(D) = -\sum_{k=1}^{K} \frac{|C_k|}{|D|} \log_2 \frac{|C_k|}{|D|}$$

$$H(D|A) = \sum_{i=1}^{n} \frac{|D_i|}{|D|} H(D_i) = -\sum_{i=1}^{n} \frac{|D_i|}{|D|} \sum_{k=1}^{K} \frac{|C_{ik}|}{|D_i|} \log_2 \frac{|C_{ik}|}{|D_i|}$$

数据需求包括如下方面。

(1) 通过企业的经营风险基本情况和工商数据，获取以下企业风险的基础数据：经营异常、严重违法、股权出资、行政处罚、税收违法、动产抵押、环保处罚、清算信息、司法拍卖、土地抵押、简易注销、公示催告、欠税公告。

(2) 企业的法律诉讼信息数据主要包括：被执行人信息、失信执行人、裁判文书、法院公告、送达公告、司法协助。

能够进行如下分析：

① 企业经营能力分析。

② 供应链健壮分析。

③ 合同践约评估分析。

④ 涉税信用评估分析。

⑤ 企业征信评估分析。

⑥ 风险态势分析。

3. 企业健康经营

企业健康经营展示管理者日常关注的企业经营状况，反映企业经营健康程度，包括企业的资产统计、收入、成本的统计和分项追溯，合同执行签订及执行情况汇总分析、人员结构的统计分析。具体指根据企业历史发展规律和历史数据分析，对企业今后一段时期内发展的健康稳定性和企业的宏观健壮性的整体定量分析。其计算模型为

$$\min_{\varpi,b,\xi} \quad \frac{1}{2}\|\omega\|^2 + C\sum_{i=1}^{N}\xi_i^2$$

$$\text{s.t.} \quad y_i(\omega \cdot x_i + b) \geq 1 - \xi_i, \quad i = 1,2,\cdots,N$$

$$\xi_i \geq 0, \quad i = 1,2,\cdots,N$$

数据需求主要包括企业的基础经营数据：

(1) 资产类：总资产、净资产、未分配利润。

(2) 收入：货币资金、应收账款。

(3) 支出：人员费用、研发费用、商务费用、办公费用、日常费用、机动、其他应付款。

(4)合同：未执行合同、正执行合同、新签合同。

(5)人员分析：在职人员的多维度分析(年龄、性别、居住地、学历、组织架构)入职、离职统计。

能够进行如下分析：

①企业经营稳固分析。

②企业健康状态分析。

③企业态势评估预测分析。

④企业抗风险能力分析。

⑤企业持续增长度分析。

4. 企业科技创新

企业科技创新是体现一个企业总体科研能力和科技发展水平的综合展现方式。一个企业是否把握世界上前沿的技术、科技和成果，是企业能否立于发展不败之地的必要条件和基本要素，也是衡量一个企业能否抢占市场先机、处于行业领先地位的核心要素。一个企业科研能力的大小，从一定意义上体现了企业的综合活力和综合现代化水平。其计算模型为

$$L(\theta) - L(\theta^{(i)}) = \log_2 \left(\sum_z P(Y|Z,\theta)P(Z|\theta) \right) - \log_2 P(Y|Z,\theta^{(i)})$$

数据需求包括企业的基础研发能力和科技财务支出：科技投入、信息化水平、智能改造水平、商标信息、专利信息、专家信息、证书信息、作品著作权、软件著作权、网站信息、自研软件产品、外采软件产品、研发人员信息、科研水平、实验室情况、人才储备信息。

能够进行如下分析：

①企业科技收益分析。

②企业创新提升能力。

③企业新技术投入收益率分析。

④企业科技上升能力分析。

⑤企业与研究院对比分析。

⑥企业人才挖掘分析。

5. 企业可持续发展

企业可持续发展是衡量企业以健康稳定的发展模型，以持续递增的加速度平稳增长和飞速上升的衡量指标。从某种程度上讲，无数企业的可持续发展能力的加权综合，构成了全社会经济的可持续发展能力的衡量指标，成为社会经济可持

续发展的重要依据。企业可持续发展体现了企业为经济社会的贡献度，是衡量企业在全社会经济发展过程中发挥的影响力。其计算模型为

$$\beta_t(i) = \sum_{j=1}^{N} a_{ij} b_j(o_{t+1}) \beta_{t+1}(j), \quad i = 1, 2, \cdots, N$$

数据需求包括企业的可持续状况数据：行政许可、税务信用等级、产品信息、融资信息、招投标信息、招聘信息、财务总览、进出口信用、微信公众号、新闻舆情、公告研报、地块公示、购地信息、债券信息、抽查检查、电信许可、环保信息、排污信息、新能源信息。

能够进行如下分析：

① 企业环境影响分析。
② 企业节能指数分析。
③ 企业新能源利用率分析。
④ 企业可持续上升率分析。
⑤ 企业稳固增长指数分析。
⑥ 企业持续周转率分析。

2.3.3 大脑工作台

(1) 服务调用管理。服务调用是平台提供给用户可用的接口，接口分为大类和小类。

(2) 项目管理。项目管理页可以对隶属于项目的页面进行权限编辑，包括新增、删除、修改、复制等基础操作。

(3) 项目编辑器。项目编辑页可以对项目整体进行可视化编辑操作功能，同样也可以对单独页面进行可视化编辑操作。编辑页面提供丰富的平台组件供用户选择，用户无须多余编辑就可以定制需要的可视画面板。平台会定期更新一批好看、好用的面板，供用户选择使用。

2.3.4 四库引擎系统

(1) 语料库。语料库是大数据分析系统的燃料，模型调整参数的依据，本质为一个高质量的数据库。该系统从大量在线语料资源、光碟、新闻、电子邮件等获取语料资源，支持语料资源扩充功能，保证其具备全方位样本空间和多维度资源，同时提供多种常用自然语言类的算法模型、语音去噪、多维度分析、列表查看、关键字搜索、标识分类、编辑删除、查询结果存储等功能。

(2) 知识库。知识库是工业领域知识的集合，为使用分析引擎的工程师或业务人员提供知识支撑，为业务编制方案提供知识保障，同时提供存储、分类索引、

文档上传、工作场景流程积累、移动查阅、收藏订阅知识功能服务。

(3)算法库。算法库内置了上百种优化的机器学习算法，包括神经网络算法、决策树算法、贝叶斯算法、分类回归算法、推荐算法等，用户可以根据已知算法进行改进，变成自己的特有算法，同时也提供模型训练、评估与预测，支持可视化拖拽工作流、算法查看、基于全文的算法搜索、算法分类、算法编辑、算法删除等基本功能和拖拽式操作功能。

(4)模型库。模型库是整个模型的后台管理，通过用户的可视化建模工具和算法编辑器，用户可以选择系统的模型训练，然后转化成适合自己设备或产线的模型，同时用户也可以根据可视化工具创建自己的新模型。模型库提供易用平台服务和已训练好的网络模型，包括系统仿真模型、系统优化模型、生产预测模型、工艺流程模型、专家系统模型等多种模型，模型管理同时也提供可视化管理，支持模型增加、检索、分类、列表查看、修改删除、状态管理、模型训练等功能。

2.3.5 三池资源系统

(1)专利池。专利池为企业大脑积累不同行业的海量专利知识，沉淀企业战略管控、战略决策、企业规划等管理经验。专利池提供机理模型专利、预测性维护专利、工艺流程专利、降本增效专利、质量管控专利和工控安全专利。企业决策层根据不同需求，可实时查看相关专利，实现对企业决策方向的快速定位及采取针对性解决方案。

(2)专家池。专家池为企业大脑整合工业领域技术、管理类的专家资源，可为企业提供技术改造创新、商业模式优化、运营风险控制和技术方案评判等方面的专家支持服务。专家池提供热门专家、服务专家和技术专家，根据实际情况和企业决策层需求在专家库中搜寻匹配合适专家，为企业决策层提供专家匹配服务，并为专家安排规划工作日程和实际对接等事务。

(3)标准池。标准池为企业大脑聚合不同行业的标准规范，可为企业在行业内执行标准提供有力依据。标准池提供国际标准、国家标准、行业标准、企业标准，根据企业所在行业、企业的实际情况以及企业决策层需求搜索合适的标准规范，为企业决策层提供参考标准。

第 3 章　企业大脑技术框架

企业大脑总体建设目标是以业务为中心和以应用为中心向以数据为中心的转变。在这一过程中，企业大脑扮演了智慧大脑和神经网络的角色，能够让来自生产流程、内部管理和外部市场上的数据动起来、用起来，实现无边界信息流及大数据分析。这一方面需要用数据化的思维驱动智能制造和智慧管理，将数据作为企业的核心资产，打破过去线性流程的思维方式；另一方面要依靠云计算、大数据、物联网、移动互联网等新兴信息技术，把研发、生产、物流、市场和销售环节，都统一到 INDICS 工业互联网平台上，用强大的计算力在海量的数据中挖掘价值。

3.1　技术框架概述

"一脑一舱两室两站一淘金"系统级工业应用作为 INDICS 平台的业务界面，是云端应用的集成环境，需要支持满足不同行业、不同领域的企业数字化、网络化、智能化、云化需求，无须企业单独部署。利用云端应用场景集成工业 APP 功能体系，具备一站式、多租户的特性，同时支持工程类业务人员、协作配套类业务人员、企业经营管理者、企业决策者等类型用户不受区域限制开展云端业务。

因此，"一脑一舱两室两站一淘金"总体架构应采用分层-微服务的架构方式。分层架构即满足底层数据资源到顶层应用价值实现；微服务架构面对不同种类客户、不同行业领域业务工作的较大差异，应具备良好的功能延展性、部署的便利性和高可定制性，实现渐进式开发或引入，以适应用户在不同阶段、不同时期的需求，如图 3-1 所示。

企业大脑主要分为五大子系统，包括数据支撑系统、大脑工作台、四库引擎系统、三池资源系统、大脑应用系统，如图 3-2 所示。

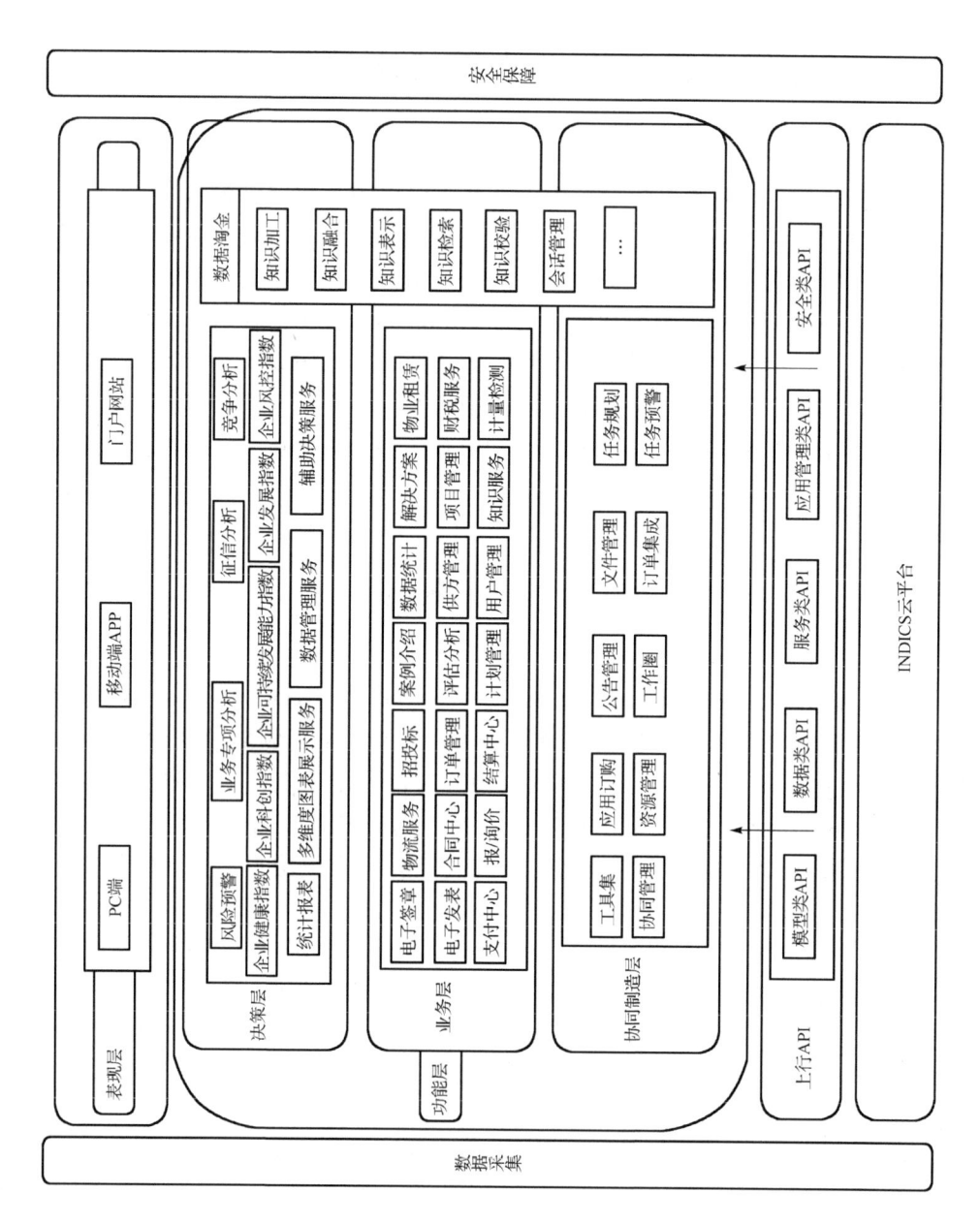

图 3-1 "一脑一舱两室两站一淘金"系统架构

第 3 章 企业大脑技术框架

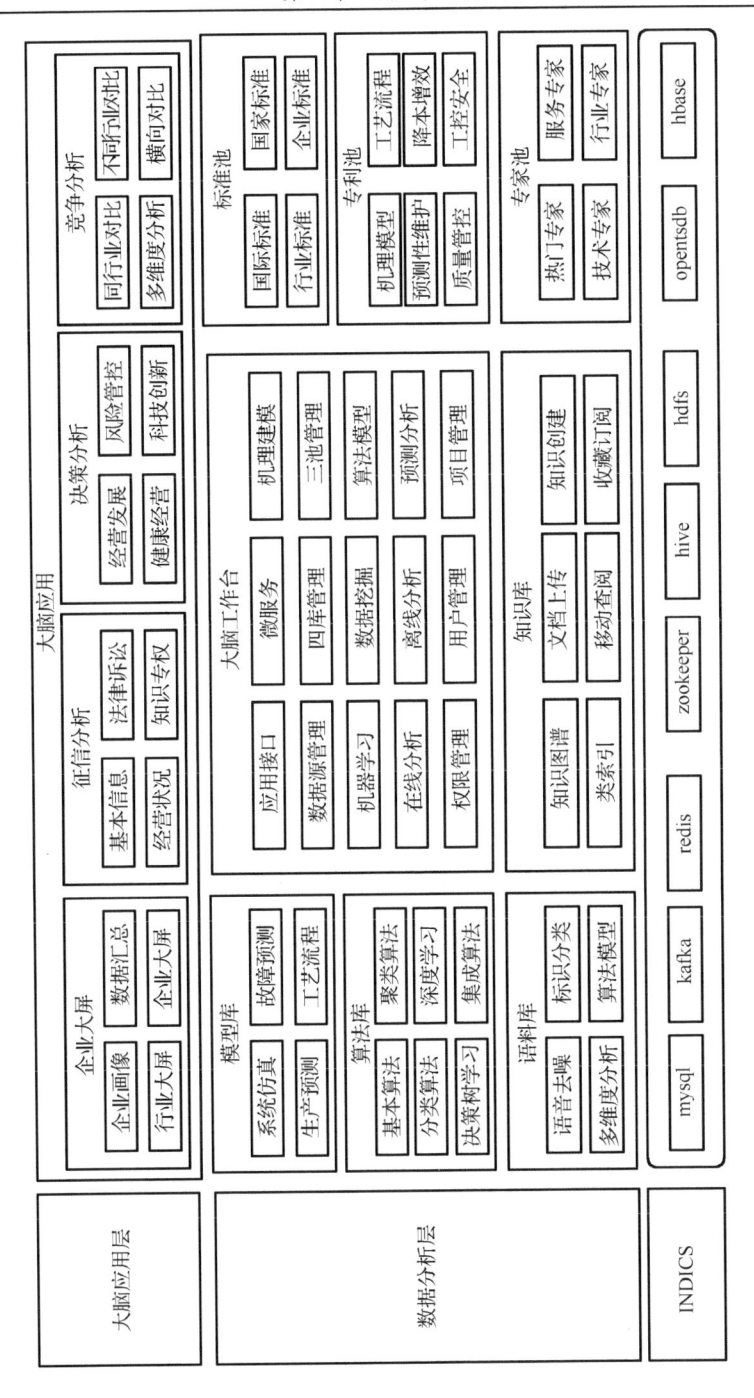

大脑应用层	大脑应用				
	企业大屏	征信分析	决策分析	竞争分析	
	企业画像 行业大屏 数据汇总 企业大屏	基本信息 经营状况 法律诉讼 知识专权	经营发展 健康经营 风险管控 科技创新	同行业对比 多维度分析 不同行业对比 横向对比	标准池
					国际标准 国家标准 行业标准 企业标准
数据分析层	大脑工作台					专利池
	模型库	微服务	机理建模			机理模型 工艺流程 预测性维护 降本增效 质量管控 工控安全
	系统仿真 故障预测 生产预测 工艺流程	应用接口 数据源管理	四库管理 数据挖掘			
	算法库	机器学习	算法模型			专家池
	基本算法 聚类算法 分类算法 深度学习 决策树学习 集成算法	在线分析 权限管理	预测性分析 项目管理			热门专家 服务专家 技术专家 行业专家
	语料库	知识库			
	语音去噪 标识分类 多维度分析 算法模型	知识图谱 类索引	文档上传 移动查询	知识创建 收藏订阅	
INDICS	mysql	kafka	redis	zookeeper	hive	hdfs	opentsdb	hbase

图 3-2 企业大脑系统架构

· 81 ·

3.2 决策分析模型

在人工智能的支持下，已经能够通过全样本的数据做出科学的决策。数据种类、维度的多样性决定了决策环境的复杂性，直接增加了企业管理者在日常管理决策过程中的准确性和有效性，很可能造成企业的经济收益下滑。为了应对复杂的决策环境，我们将人工智能辅助企业管理决策的领域进行细分，主要从企业经营发展、健康经营、科技创新、风险管控和可持续发展的角度系统地构建模型，实现企业经营管理无死角。

人工智能时代，企业信息系统已经相对完善，在企业经营管理的众多方面都具备了成熟的信息化管理系统。企业的信息化程度相对以前已经有了显著的提高，但企业的信息流仍然被禁锢在企业内众多系统中，形成了众多的信息孤岛。这也就限制了人工智能的发展，迫切地需要建设顶层架构为人工智能提供全样本的支撑。中小企业数据上云、大型企业建设顶层平台能够将企业经营管理的信息孤岛和业务隔阂打通，实现信息之间的无缝连接，有利于提高企业管理决策的有效性。

打破信息孤岛，实现企业基础设施的集中化和节约化。数据的价值和应用水平决定了企业大脑的准确性和运行效率。实施企业大脑，首先要对企业现有的网络架构、信息资源进行梳理分析，以便充分利用。将分散在企业内部各个职能部门的信息资源共享到云平台或者构建一体化的数据中心，将数据归一处理。此外，企业大脑还需要整合企业外部的征信数据、企业所处行业的动态数据等。利用互联网、物联网、通信网、云计算、大数据、移动互联网、人工智能的等新型技术手段帮助企业实现数字化转型，打破企业内部和外部的信息资源边界。

3.2.1 企业经营发展模型

企业经营发展是企业经营管理的基础，企业经营发展的好坏直接与企业的销售、生产、财务、人力资源、研发等内部管理环节有必然的联系。以销售、生产、人力等重要环节的决策为基础，通过分析总体市场情况，分析本企业目前状况，建立企业发展指数(enterprise development index，EDI)模型，能够有效地表达和评价企业经营管理者的绩效，同时体现企业的整体发展趋势和综合能力。

企业经营发展指数是综合利用 KPI 的各个指数，建立起综合的企业发展状况评价体系，是企业发展的核心评价标准。企业发展指数原则是按照企业的实际经营状况进行数据上报，获得较为理想的企业评价指标，模型匹配度较高。企业发展指数反映出企业的整体发展情况，包括企业的增长或亏损情况、企业的风险状况或健康状态等核心信息。计算公式如下：

$$\text{EDI}: f(\text{KPI}) = \frac{\alpha \cdot \text{IPM} + \beta \cdot \text{ROE} - \dfrac{\text{TGOR}}{\phi} - \dfrac{\text{ALR}}{\eta} + \lambda \cdot \text{IRTP} + \dfrac{\text{APLP}}{\mu} + \kappa \cdot \text{WOR} + \pi \cdot \text{PCNA}}{\lg(\text{PCNA})}$$

式中

IPM 是指企业收入利润率。IPM<5，企业收入利润率较低，建议提高营业收入，缩减营业成本；IPM≥5，企业收入利润率良好。

ROE 是指净资产收益率。ROE≥10，净资产收益率良好；2≤ROE<10，净资产收益率一般，建议调整经营结构，降低成本，提高利润；ROE<2，净资产收益率较差，经营风险预警，建议积极调整投资策略，降低成本，提高利润。

ALR 是指资产负债率。ALR<40，资产负债率过小，可适当地增加负债率，提高经营规模；40≤ALR<60，资产负债率在合理范围；ALR≥60，资产负债率过重，容易发生资不抵债风险，建议及时采取措施，降低资产负债率。

TGOR 是指两金占流动资产比重。TGOR>60，两金占流动资产比重过高，建议增加流动资产，加紧应收账款回流，减少存货量；TGOR≤60，两金占流动资产比重正常。

IRTP 是指技术进步投入占比。IRTP>2.6，企业技术投入较高，科技发展潜力较大；IRTP≤2.6，企业技术投入一般。

APLP 是指全员劳动生产率。APLP≤1.65 万元/人，全员劳动生产率低于标准值，建议提高工业增加值，调整人员结构，裁减冗余人员。

WOR 是指工资产出比。

PCNA 是指人均净资产(H)。

以塑料制品业为例，不同等级下企业评价标准值如表 3-1 所示。

表 3-1 塑料制品业不同等级下企业评价标准值

项目	优秀	良好	平均	较低	较差
IPM	18.4	14.7	8.4	3.4	−6.7
ROE	9.9	5.3	3.0	−3.3	−10.5
TGOR	37.9	48.4	61.0	68.8	76.1
ALR	50.0	55.0	60.0	70.0	85.0
IRTP	2.0	1.5	1.0	0.7	0.5
APLP	9.2	5.1	1.4	−7.6	−12.5
WOR	6.8	4.6	2.8	−0.9	−5.1
PCNA	153.0	97.9	62.2	43.0	26.1

企业发展指数评价了企业经营活动的成果。通过收益性分析方法、安全性分

析方法、成长性分析方法还可以反映企业经营管理状况、盈利能力和管理水平。

收益性分析方法：收益性是指企业在一定周期内的收益及盈利的能力，是衡量企业在投资、运营和筹资决策的结果。没有综合地联系财务中有关联的项目很难体现企业的收益是否达到预期、资源是否被有效利用等因果决策。

总资产净利率是指该公司净利润和平均资产总额的百分比。该数值越高，表示企业的获利水平越高，资产运营越有效，成本费用的控制水平越高，有助于提高销售利润，加速企业资金周转。计算公式如下：

总资产净利率=净利润/平均资产总额×100%

净资产收益率是指该公司的净利润和所有者权益的百分比。该数值越高，表示企业投资带来的收益越高。计算公式如下：

净资产利用率=净利润/所有者权益×100%

销售净利率是指该公司的净利润和营业收入的百分比。提高销量、提高价格、降低营业成本、降低营业费用有助于销售净利率的提高。计算公式如下：

销售净利率=净利润/营业收入×100%

安全性分析方法：安全性是指一定周期内的企业能够收回本金的能力，是企业经营发展的前提，是衡量企业偿债能力的重要标准。影响安全性的因素在于资本的流动性和资本结构的合理性。

流动比率是指该公司的流动资产和流动资产负债的比例。该数值越高，表示企业短期偿债能力越高。计算公式如下：

流动比率=流动资产/流动负债×100%

净资产负债率是指企业的负债总额和资产总额的比例，反映了债权人投入的资本和股东提供的资本关系。该数值越高，表示企业负债越高。计算公式如下：

净资产负债率=负债总额/资产总额×100%

所有者权益比率是指企业的所有者权益总额和资产总额的比例。该数值越大，负债比率就越小，企业的财务风险就越小；从偿债能力来看，该指标越高，企业资产中由投资人投资所形成的资产越多；从企业控制方面来看，该指标越高，说明企业所有者对企业的控制越稳固。计算公式如下：

所有者权益比率=所有者权益总额/资产总额×100%

流动性分析方法：流动性是指一定周期内的企业的变现能力和偿债能力。反映企业的流动性指标通常采用流动比率和速动比率。

流动比率是指该公司的流动资产和流动资产负债的比例。该数值越高，表示企业短期偿债能力越高。计算公式如下：

第3章 企业大脑技术框架

流动比率=流动资产/流动负债×100%

速动比率是指该公司的速动资产和流动资产负债的比例，是衡量企业流动资产中可以立即变现用于偿还流动负债的能力。速动比率过低，企业的短期偿债风险较大；速动比率过高，企业在速动资产上占用资金过多，会增加企业投资的机会成本。计算公式如下：

速动比率=速动资产/流动负债×100%

成长性分析方法：成长性是指一定周期内的企业经营能力，是衡量企业发展速度的重要指标，主要有固定资产增长率、总资产增长率、净利润增长率、主营业务收入增长率、主营利润增长率五种指标。

营业收入增长率是指企业本年度营业收入增加额和上一年度企业营业收入增加额的比例，是评价企业增长和发展的重要指标。该数值越高，表示企业营业收入增长迅速，企业前景好。计算公式如下：

营业收入增长率=本期营业收入/上期营业收入×100%

净利润增长率是指企业当期净利润和上期净利润的比例。该数值越高，表示企业盈利能力越高。计算公式如下：

净利润增长率=(当期净利润-上期净利润)/上期净利润×100%

以计算机与软件行业为例，企业经营发展基础指标评价准则如表3-2所示。

表3-2 计算机与软件行业企业经营发展基础指标评价准则

项目	优秀值	良好值	平均值	较低值	较差值
一、盈利能力状况					
净资产收益率/%	13.6	8.8	4.8	-1.7	-7.7
总资产报酬率/%	8.3	5.3	3.4	1.1	-4.2
营业利润率/%	7.5	4.0	0.8	-0.6	-4.4
盈余现金保障倍数	4.4	1.6	0.8	-1.3	-3.7
成本费用利润率/%	3.0	1.7	0.9	0.6	-1.8
资本收益率/%	16.0	11.1	7.1	3.0	-2.7
二、资产质量情况					
总资产周转率/%	2.2	1.2	0.8	0.5	0.2
应收账款周转率/%	12.8	10.5	8.2	5.7	1.9
不良资产比率/%	2.8	3.4	4.5	7.3	10.4
流动资产周转率/%	4.8	2.7	1.6	1.3	0.9
资产现金回收率/%	6.6	4.4	2.3	-1.3	-3.6

续表

项目	优秀值	良好值	平均值	较低值	较差值
三、债务风险情况					
资产负债率/%	54.5	59.5	64.5	75.1	90.1
已获利息倍数/%	5.2	3.3	1.9	0.8	−0.6
速动比率/%	118.9	92.0	83.6	69.4	54.8
现金流动负债比率/%	15.7	7.1	3.2	−2.4	−7.6
带息负债比率/%	32.2	43.7	46.5	55.9	66.2
有负债比率/%	1.4	2.3	4.6	7.4	9.6
四、经营增长情况					
营业增长率/%	20.6	13.6	9.5	−5.6	−18.8
资本保值增值率/%	113.0	108.5	103.8	96.8	93.6
营业利润增长率/%	24.9	19.9	9.9	−5.8	−12.4
总资产增长率/%	11.9	7.6	4.8	1.4	−1.5
技术投入比率/%	1.8	1.6	1.4	1.0	0.6

数据来源：国务院国有资产监督管理委员会考核分配局编制的 2018 年企业绩效评价标准值中的计算机服务与软件行业的评价准则。

3.2.2 企业健康经营模型

企业健康经营是企业经营管理的核心，可以增加企业的经济收益。企业健康经营指数是衡量企业的经济效益的一种特殊相对数，是反映企业经济运行质量的总指标，是评价企业经济效益的主要方法。企业健康经营指数可以考核和评价各地区、各行业、各企业经济效益实际水平和发展变化趋势，反映整个行业经济效益状况的全貌，促进经济效益的全面提高。企业健康经营综合指数值越高，说明企业一定时期的经济效益越好。计算公式如下：

$$企业经济效益综合指数 = \sum \left(\frac{各项指标报告期数值}{各项指标标准值} \times 各项指标权数 \right) \div 总权数$$

$$= \frac{\sum kw}{\sum w}$$

一流企业保持永久经营、基业长青的根本在于企业的绩效和组织的有效管理。麦肯锡曾提出了三类要素评价企业的健康经营管理，即战略方向、执行能力、进取活力。

辅助制定战略方向，即评价企业健康状态、企业态势评估和企业抗风险能力。评价相关指标如下。

(1) 企业健康状态。企业健康是评价企业在创新能力、持续发展能力和获取效益能力等方面的状态，体现为创新能力健康、持续发展能力健康、获取效益能力健康 3 个目标层的综合评价值。本书建立了一个多级模糊综合评价模型，依据企业健康度的内涵、特征及构成要素分析，把企业健康度进一步分成正常企业、僵尸企业和空壳企业 3 种状态。

评价模型主要采用模糊综合评价方法，实现对企业健康状态的评价与分类，并且采用 AHP 法，即由若干名专家根据企业的特性分别进行评判，并将由专家评判产生的若干组指标权重进行整理，最终得出企业健康度评价体系各指标在各层次的权重，企业状态标准如表 3-3 所示。

表 3-3 企业状态标准

企业状态标准	评价方法
正常企业	观测期内经营销售正常的企业
空壳企业	同一法人名下拥有不低于 10 户企业，采购合同额、销售合同额为 0
僵尸企业	采购合同额、销售合同额较低； 产值利润率较低； 企业规模越大，僵尸企业概率越高

(2) 企业态势评估。企业态势评估是对企业整体发展态势的评估，反映一个企业的经营发展、团队建设以及科技创新等方面的综合实力。本书对企业态势进行以上几个方面的综合分析，最后得到对企业态势的定量分析，建立企业态势评分模型。模型采用模糊分析与因子分析法综合求得各指标权重，得出模型的解。计算公式如下：

$$\begin{aligned}企业态势评估指数 =& \omega_1 \times 合同额度增长率水平 + \omega_2 \times 合同完成度水平 \\&+ \omega_3 \times 企业团建情况 + \omega_4 \times 年轻员工占比情况 \\&+ \omega_5 \times 硕博人员占比情况 + \omega_6 \times 人员流失情况 \\&+ \omega_7 \times 企业盈利状况\end{aligned}$$

(3) 企业抗风险能力。企业发展过程中，时刻保持对市场风险的警惕、保持对自身风险的管控是企业健康发展的至关要素。在市场繁荣业务快速增长时，公司可通过增加固定成本投入或减少变动成本支出来提高经营杠杆系数，以充分发挥正杠杆利益用途，提高抗风险能力；在市场衰退业务不振时，公司应尽量地压缩开发费用、广告费用、市场营销费、职工培训费等酌量性固定成本的开支，以减少固定成本的比重，降低经营杠杆系数，降低经营风险，提高抗风险能力。

抗风险能力指标采用阿尔曼模型进行计算，这种方法是基于多元判别模型的财务预警系统。该模型采用逐步多元鉴别分析逐步地提取五种最具共同预测能力的财务比率，建立起了一个类似回归方程的 Z 计分法模型。计算公式如下：

$$Z = 0.012 \times X_1 + 0.014 \times X_2 + 0.033 \times X_3 + 0.006 \times X_4 + 0.999 \times X_5$$

式中，X_1=营运资金/资产总额；X_2=留存收益/资产总额；X_3=息税前利润/资产总额；X_4=普通股和优先股的市场价值总额/负债账面价值总额；X_5=销售收入/总资产。

辅助评价执行能力，即评价企业管理者和员工的执行能力。

辅助评价进取能力，即评价企业可持续增长率。可持续增长率是企业不发行新股，不改变经营效率（销售净利率和资产周转率）和财务政策时，其销售所能达到的最大增长率，反映企业经济效益持续增长能力。评价标准如下所示。

(1) $p \geqslant 60$，企业经济效益持续增长能力较强。

(2) $40 \leqslant p < 60$，企业经济效益持续增长能力良好。

(3) $p < 40$，企业经济效益持续增长能力一般。

3.2.3 企业科技创新模型

企业科技创新是企业经营管理的宗旨，是企业的灵魂和发展动力，是衡量企业是否能够通过采用新技术来满足市场需求、增强企业间竞争力、获取最佳经济效益的指标。

企业科技创新指数是评估一个企业在科技创新方面的相对计数值，科学客观地反映出了企业在科技创新方面的成果与价值，通过企业科技创新值，可以对比、考核某个地区、某个行业在科技创新方面的创造价值，预测其发展趋势，有利于指导和改进企业在科技创新方面的工作，提高企业经济效益与工作效率，同时为企业职员带来现代化、便捷的办公方式。该企业科技创新指数越大，表示企业在科技创新方面的产出、效益越大。该指标作为大指标，结合企业科技收益指数、企业创新提升能力、企业新技术投入收益率、企业创新总量4个子指标，综合计算出企业科技创新指数。

通过对企业科技收益指数(TII)、企业创新提升能力(IIA)、企业新技术投入收益率(TIR)和企业创新总量(TI)进行线性加权求和，计算企业科技创新指数(SII)。

(1) 企业科技收益指数是衡量一个企业在科技效益的相对数，是反映企业在科技投入和科技产出的指标，是评估企业科技收益的直接方法。该企业科技收益指数可以评价、考核各地区、各行业的企业科技收益实际水平和发展变化趋势，全面反映整个行业的科技收益状况，提高企业的科技效益。企业科技收益指数越高，表示企业在一定时期内的科技收益越高。

(2) 企业创新提升能力是评估一个企业在一段时间内的创新提升，反映了企业在创新方面的产出和投入的比率，是衡量企业创新提升收益的主要方法。该企业创新提升能力可以评价、考核各地区、各行业的企业创新提升能力的整体水平以及发展变化趋势，多方位反映行业的科技提升水平，有助于提高企业的创新提升空间。企业创新指数越高，表示企业在一定时间内创新提升能力越强。

(3) 企业新技术投入收益率是考核一个企业在某段时间内企业的新技术收益率，体现了企业在新技术投入和收益的比率，是比较企业新技术收益的直接、主要方法。企业新技术投入收益率可以综合客观地体现行业的新技术投入收益水平以及未来的发展，有利于提升企业新技术收益率。

(4) 企业创新总量是企业创新在一段时间内的总量，体现了企业在创新方面的综合总量，主要用于直接计算和比较企业创新综合总量的方法。企业创新总量科学综合客观地体现了企业与行业在创新量方面的发展水平，有助于提升企业的创新量。企业创新总量值越大，代表企业的创新综合总量越大。

3.2.4 企业风险管控模型

企业风险管控是企业经营管理的关键，影响着企业的生存与发展。企业必须树立风险意识，针对企业风险特点，建立风险信息评价体系，通过风险识别、风险分析措施对企业进行全面的防范和控制。

建立企业风险评价体系包括评价企业经营特质、经营能力、供应链情况、践约评估、涉税信用、风险态势评估等方面。通过企业风险管控，对企业关键风险指标进行采集，实现对重大风险的有效监控，并充分地考虑集团管理的复杂程度，能灵活适应集团多层级、多业务条线的风险管理策略，满足多层级、多岗位、多用户需求。通过企业的经营风险基本情况和工商数据，得出经营特质评分、经营能力指数等发展指标，最终根据这些子指数通过因子分析法得出企业风险管控总指数。根据之前得到的子指数，从统计学的角度出发，给出基于因子分析方法评价企业风险管控指数的一般步骤。

(1) 根据子指数估计因子载荷矩阵。因子载荷阵的估计方法有很多，主成分法是其中最为普遍的方法。

(2) 将公共因子表示为变量的线性组合，得到评价对象在各个公共因子的得分。由于因子得分函数中方程的个数 m 小于变量个数 p，因此不能精确地计算出因子得分。通过最小二乘法或极大似然法可以对因子得分进行估计。

(3) 以各公共因子的方差贡献率占公共因子总方差贡献率的比重作为权重进行加权汇总，建立因子综合得分函数。

企业经营特质反映企业主营业务、企业性质、员工数量等基本属性给企业带来的风险。经营特质评分表示各项属性得分的加权求和。

评价企业经营能力，有助于企业正确地评估自己的经营能力、正确地认识自身所存在的不足，找出差距，进而制定行之有效的经营发展战略。

企业将供应链上的企业纳入组织的管理范围之列，对供应链进行评价预测，为制定相应的生产策略提供参考。根据供应商、制造商、零售商的能力值以及风险系数进行累积计算，得到供应链健壮指数。

合同践约评估，是根据企业当期签订合同额度占资产总额比例以及合同完成情况进行评估，能够有效地反映企业的合同执行能力。企业涉税信用评估服务主要应用于贷前准入、信用评估、授信建议、风险定价等环节，辅助金融机构进行风控决策。通过企业相关的工商信息、税务信息、司法信息等多个维度的数据，结合企业模型评分、风控策略，量化评估企业信用状况，识别和规避风险、经营风险等。

3.2.5 企业可持续发展模型

企业可持续发展模型是衡量企业以一种健康稳定的发展模型，以一个持续递增的加速度平稳增长和飞速上升的衡量指标。从某种程度上讲，无数企业的可持续发展能力的加权综合，构成了全社会经济的可持续发展能力的衡量指标，作为社会经济可持续发展的重要依据。企业可持续发展体现了企业为经济社会的贡献度，是衡量企业在全社会经济发展过程中发挥影响力的重要指标。

根据企业可持续状况数据，本模型得出环境影响指数、企业节能指数等发展指标，最终根据这些子指数通过因子分析法得出企业可持续发展总指数。

从统计学的角度出发，给出基于因子分析方法评价企业可持续发展指数的一般步骤。

(1) 根据子指数估计因子载荷矩阵。因子载荷矩阵的估计方法有很多，主成分法是其中最为普遍的方法。

(2) 将公共因子表示为变量的线性组合，得到评价对象在各个公共因子的得分。由于因子得分函数中方程的个数 m 小于变量个数 p；因此不能精确地计算出因子得分，通过最小二乘法或极大似然法可以对因子得分进行估计。

(3) 以各公共因子的方差贡献率占公共因子总方差贡献率的比重作为权重进行加权汇总，建立因子综合得分函数：

$$SDI = \beta_1 \times F_1 + \beta_2 \times F_2 + \beta_3 \times F_3 + \beta_4 \times F_4$$

式中，$\beta_1 \sim \beta_4$ 代表因子权重，$F_1 \sim F_4$ 代表因子，这里选取 4 个主成分因子计算风险管控综合指标。

环境影响指数反映环保投资占当期营业收入总值的比例，是衡量企业环境保护与经济发展之间协调关系的主要指标之一。另外,如果企业在本期存在违规排放,那么最终得到的环境指数将会附加惩罚因子。

节能指数由两部分构成,一部分为单位产值能耗的变化率,该指标越大表明企业较上期有越大的改进;另一部分为本期单位产值绝对能耗,该数据越大代表企业耗能严重,因此为负向指标。

新能源利用指数表示为新能源支出占总能源支出的比例,反映企业对于新能源利用的重视程度。

持续周转率代表企业在没有新项目基础上持续周转的最长时间,能够反映企业在遭遇资金断链等异常情况时的维持能力。

企业的稳固成长是评价稳定发展能力的指标,本模块从反映企业收益变化率、资本周转率等角度进行评价。

收益增长:反映企业收益增长的成长性指标。一般来讲,若企业净资产收益率大于10%,且连续三年内保持增长,则企业的成长性较好。计算公式如下:

$$净资产收益增长率 = \frac{本期净资产收益率}{上期净资产收益率} \times \frac{100}{\alpha}$$

收益稳定性:反映主营业务收益稳定性的成长性指标。该指标越高,主业越突出。在企业利润不断增长的条件下,保持较高的主营利润比例,则表明企业利润增长的稳定性越强,企业发展越稳固。计算公式如下:

$$主营利润比例 = \frac{主营业务利润}{利润总额} \times \frac{100}{\alpha}$$

成本控制:反映企业成本控制水平的成长性指标。该指标若大于等于1,表明主营收入与主营利润同步增长,成本与产销率合适,企业成长性较好。计算公式如下:

$$主营收入与主营利润增长同步率 = \frac{主营利润增长率}{主营收入增长率} \times \frac{100}{\alpha}$$

资本运营效率:反映企业资本运营效率的成长性指标。资本周转加速率的变化趋势可以反映权益资本的运营效率或利用程度。计算公式如下:

$$资本周转加速率 = \frac{本区资本周转率}{上期资本周转率} \times \frac{100}{\alpha}$$

稳固增长指数:表示为各项指标的加权求和,权重采用因子分析法确定,能够避免人为设定带来的不确定性。计算公式如下:

稳固增长指数 = β_1 × 净资产收益增长率 + β_2 × 主营利润比例 + β_3 × 主营收入与主营利润增长同步率 + β_4 × 资本周转加速率

3.3 企业决策评价方法

3.3.1 企业经营发展实现方法

企业综合发展能力通过企业发展指数进行衡量，该指数体现了企业的整体发展趋势和综合能力，体现了企业对社会的整体经济贡献指数。

1. 数据项

根据企业的财务报表数据和基本企业信息数，得到如下的基础经济发展指标数据项：销售利润、营业总收入、母公司所有者的净利润、平均归属母公司所有者权益、资产总额、负债总额、应收账款、存货款、流动资本、营业总收入、本年度科技支出总额、工业增加值、全部从业人员平均人数、工资支出总额、企业员工总数。

2. 衡量指标

根据企业基础经济发展数据项，得出以下企业发展的衡量指标。
(1) 企业收入利润指数：衡量企业收入与利润的平衡关系和增长趋势。
(2) 净资产收益指数：企业净资产对企业发展产生的收益级别系数。
(3) 资产负债指数：企业负债的综合占比和影响系数。
(4) 两金占流动资产比指数：两金流动比例的平衡测算。
(5) 技术进步投入指数：技术投入与整体发展的影响系数。
(6) 工资产出比指数：工资的支付与企业增长的综合影响系数。
(7) 企业发展指数：企业整体发展的综合衡量指标。
(8) 企业综合评分：企业综合发展在同行业的占位评分。

3. 指标评分

综合上述企业发展的基础衡量指标，得出企业发展综合指标：企业发展指数和企业经济发展评分。

企业发展指数是综合利用 KPI 的各个指数，建立起综合的企业发展状况评价体系，是企业发展的核心评价标准。

企业发展指数原则是按照企业的实际经营状况进行数据上报，获得较为理想的企业评价指标，模型匹配度较高。企业发展指数反映出企业的整体发展情况，包括企业的增长或亏损情况、企业的风险状况或健康状态等核心信息。

企业发展指数的算法模型为

$$\mathrm{EDI}: f(\mathrm{KPI}) = \frac{\alpha \cdot \mathrm{IPM} + \beta \cdot \mathrm{ROE} - \dfrac{\mathrm{TGOR}}{\phi} - \dfrac{\mathrm{ALR}}{\eta} + \lambda \cdot \mathrm{IRTP} + \dfrac{\mathrm{APLP}}{\mu} + \kappa \cdot \mathrm{WOR} + \pi \cdot \mathrm{PCNA}}{\lg(\mathrm{PCNA})}$$

式中，IPM 是指企业收入利润率；ROE 是指净资产收益率；ALR 是指资产负债率；TGOR 是指两金占流动资产比重；IRTP 是指技术进步投入占比；APLP 是指全员劳动生产率；PCNA 是人均净资产(H)。

企业经济发展评分是指企业基础发展能力综合评估下的经济体发展实力评分。其计算方法为

$$\delta_t(i,j) = \frac{P(i_t=q_i, i_{t+1}=q_j, o \mid \lambda)}{P(o \mid \lambda)} = \frac{P(i_t=q_i, i_{t+1}=q_j, o \mid \lambda)}{\sum_{i=1}^{N}\sum_{j=1}^{N} P(i_t=q_i, i_{t+1}=q_j, o \mid \lambda)}$$

3.3.2 企业风险管控实现方法

企业风险信息包括企业经营特质、经营能力、供应链情况、践约评估、涉税信用、风险态势评估等方面。通过企业风险管控，对企业关键风险指标进行采集，实现对重大风险的有效监控。并充分地考虑集团管理的复杂程度，能灵活地适应集团多层级、多业务条线的风险管理策略，满足多层级、多岗位、多用户需求。

1. 数据项

通过企业的经营风险基本情况和工商数据，获取以下数据，如表 3-4 所示。

表 3-4 企业经营风险数据项

数据类	数据项
企业风险的基础数据	经营异常、严重违法、股权出资、行政处罚、税收违法、动产抵押、环保处罚、清算信息、司法拍卖、土地抵押、简易注销、公示催告、欠税公告
企业的法律诉讼信息数据	被执行人信息、失信执行人、裁判文书、法院公告、送达公告、司法协助

2. 衡量指标

根据企业的基础风险数据，得出以下企业风险管控衡量指标。

(1) 企业经营特质评分：企业经营的特性和风险指数。

(2) 企业经营能力指数：企业持续经营的活力和潜力。

(3) 供应链健壮指数：企业上下游供应链的基本信息熵。

(4)合同践约评估:企业合同和契约的执行度和预测值。
(5)涉税信用评估:企业纳税综合信用指数。
(6)企业征信评估:企业征信信息标准差指数。
(7)风险态势评估:企业综合风险态势指数。

3. 指标评分

根据以上指标得出企业综合风险管控指标:企业风控指数和商务信用评分。企业风控指数是指企业风险控制综合能力,以及对可能性突发风险的应对能力。其预测模型为

$$g(D,A) = H(D) - H(D|A)$$

式中

$$H(D) = -\sum_{k=1}^{K} \frac{|C_k|}{|D|} \log_2 \frac{|C_k|}{|D|}$$

$$H(D|A) = \sum_{i=1}^{n} \frac{|D_i|}{|D|} H(D_i) = -\sum_{i=1}^{n} \frac{|D_i|}{|D|} \sum_{k=1}^{K} \frac{|C_{ik}|}{|D_i|} \log_2 \frac{|C_{ik}|}{|D_i|}$$

商务信用评分是指企业的风控在商务风险的应对等级。其计算方法为

$$g_R(D,A) = \frac{g(D,A)}{H(D)}$$

3.3.3 企业健康经营实现方法

从企业管理者角度,展示管理者日常关注的企业经营状况,反映企业经营健康程度,包括企业的资产统计、收入、成本的统计和分项追溯,合同执行签订及执行情况汇总分析、人员结构的统计分析。

1. 数据项

企业健康经营数据项如表 3-5 所示。

表 3-5 企业健康经营数据项

数据类	数据项
资产类	总资产、净资产、未分配利润
收入	货币资金、应收账款
支出	人员费用、研发费用、商务费用、办公费用、日常费用、机动、其他应付款
合同	未执行合同、正执行合同、新签合同
人员分析	在职人员的多维度分析(年龄、性别、居住地、学历、组织架构)入职、离职统计

2. 衡量指标

根据上述指标建立以下衡量指标。

(1) 企业健康状态指数：企业健康状态的综合指数。
(2) 企业态势评估指数：企业发展态势的预测指数。
(3) 企业持续增长度：企业持续三年增长的增长率。
(4) 企业抗风险能力指数：面对突发风险的应对指数。

3. 指标评分

根据以上指标进行加权与回归分析，得出整体预测指标：企业经营健康指数和健康态势评分。

企业经营健康指数是指企业经营健康状态的预测指标和基准衡量标准。其预测模型为

$$\min_{\varpi,b,\xi} \frac{1}{2}\|\omega\|^2 + C\sum_{i=1}^{N}\xi_i^2$$

$$\text{s.t.} \quad y_i(\omega \cdot x_i + b) \geq 1-\xi_i, \quad i=1,2,\cdots,N$$

$$\xi_i \geq 0, \quad i=1,2,\cdots,N$$

健康态势评分是指企业的健康状态的综合得分。其计算方法为

$$\sum_{i=1}^{N}[1-y_i(\omega \cdot x_i + b)] + \lambda\|\omega\|^2$$

3.3.4 企业科技创新实现方法

企业科技创新体现一个企业总体科研能力。一个企业是否把握世界上前沿的新技术、新科技和新成果，是企业能否立于企业发展不败之地的必要条件和基本要素，也是衡量一个企业能否抢占市场先机、处于行业领先地位的核心要素。一个企业科技创新能力的大小，从一定意义上体现了企业的综合活力和综合现代化水平。

1. 数据项

企业的基础研发能力和科技财务支出，包含以下基础数据项：科技投入、信息化水平、智能改造水平、商标信息、专利信息、专家信息、证书信息、作品著作权、软件著作权、网站信息、自研软件产品、外采软件产品、研发人员信息、科研水平、实验室情况、人才储备信息。

2. 衡量指标

根据企业的科技创新基础数据，可以得出如下的科技创新衡量指标。

(1) 企业科技收益指数：企业通过科技创新带来的收益。
(2) 企业创新提升能力：通过科技和信息手段给企业带来的能力提升。
(3) 企业新技术投入收益率：通过引进新技术带来的收益比。
(4) 企业创新总量：企业技术创新、管理创新、流程创新等总和。

3. 指标评分

根据以上基础指标得出企业科技创新能力的综合指标：科技创新指数和企业创新评分。

科技创新指数是指企业科技整体能力创新能力衡量指标。其预测模型为

$$L(\theta) - L(\theta^{(i)}) = \log_2\left(\sum_z P(Y|Z,\theta)P(Z|\theta)\right) - \log_2 P(Y|Z,\theta^{(i)})$$

企业创新评分是指企业的综合创新能力得分。其计算方法为

$$\begin{aligned}\theta^{(t+1)} &= \arg\max_\theta \left(L(\theta^{(i)}) + \sum_z P(Z|Y,\theta^{(i)})\log_2 \frac{P(Y|Z,\theta)P(Z|\theta)}{P(Z|Y,\theta^{(i)})P(Y|\theta^{(i)})}\right)\\ &= \arg\max_\theta \left(\sum_z P(Z|Y,\theta^{(i)})\log_2 P(Y|Z,\theta)P(Z|\theta)\right)\\ &= \arg\max_\theta \left(\sum_z P(Z|Y,\theta^{(i)})\log_2 P(Y|Z,\theta)\right) = \arg\max_\theta \left(\sum_z Q(\theta,\theta^{(i)})\right)\end{aligned}$$

3.3.5 企业可持续发展实现方法

企业可持续发展是衡量企业健康稳定的发展模型，以持续递增的加速度平稳增长和飞速上升的衡量指标。从某种程度上讲，无数企业的可持续发展能力的加权综合，构成了全社会经济的可持续发展能力的衡量指标，作为社会经济可持续发展的重要依据。企业可持续发展体现了企业为经济社会的贡献度，是衡量企业在全社会经济发展过程中发挥的影响力。

1. 数据项

企业的可持续状况包含以下基础数据项：行政许可、税务信用等级、产品信息、融资信息、招投标信息、招聘信息、财务总览、进出口信用、微信公众号、新闻舆情、公告研报、地块公示、购地信息、债券信息、抽查检查、电信许可、环保信息、排污信息、新能源信息。

2. 衡量指标

通过企业的可持续状况数据，得出以下企业可持续发展指标。

(1) 企业环境影响指数：企业发展过程中对环境影响的评价值。

(2) 企业节能指数：企业运营过程中节能环保的评定指数。

(3) 企业新能源利用率：企业利用新能源占总能源的比值。

(4) 企业持续周转率：企业在无新项目基础上持续周转的最长时间（月为单位）。

(5) 企业稳固增长指数：企业处于健康级别 B 以上的增长幅度。

(6) 企业可持续上升指数：企业持续增长升上的梯度。

(7) 企业经济社会贡献度：企业的发展对经济社会长期稳定发展的综合贡献指数和贡献力。

(8) 企业活力指数：主要从企业增值税纳税主体的增长变化角度观察企业活力情况。

3. 指标评分

通过企业的可持续发展指标，得出企业可持续发展能力的综合指标：可持续发展能力指数和可持续能力评分。

可持续发展能力指数是指企业可根据当前发展需求稳定可持续增长和发展的综合指数。其预测模型为

$$\beta_t(i) = \sum_{j=1}^{N} a_{ij} b_j(o_{t+1}) \beta_{t+1}(j), \quad i = 1, 2, \cdots, N$$

企业可持续能力评分是指企业未来可持续发展的综合能力得分。其计算方法为

$$\alpha_t(i)\beta_t(i) = P(i_t = q_i, o | \lambda)$$

$$\gamma_t(i) = \frac{\alpha_t(i)\beta_t(i)}{P(o|\lambda)} = \frac{\alpha_t(i)\beta_t(i)}{\sum_{j=1}^{N} \alpha_t(j)\beta_t(j)}$$

第 4 章　企业大脑业务模型

企业大脑主要服务于公司决策层，支撑企业战略管理工作。企业驾驶舱主要服务于公司经营层，支撑企业经营管控活动。两室主要实现企业经营业务流程全覆盖。其中，云端业务工作室，支撑经营交易类业务的开展；应用工作室，支撑工程类业务开展。两站主要实现企业上云接入和服务支撑。其中，企业上云服务站为企业上云提供支撑，帮助企业上云及智能化改造服务；小微企业服务站给企业提供生产性、综合性服务支撑。数据淘金基于平台数据，面向企业和生态伙伴(数据增值服务商)提供增值服务。

企业大脑将汇聚的财务、人事、固定资产、采购等多方位的数据进行综合模型分析，最终体现为企业战略服务的五个业务应用，为企业的战略发展提供必要的业务、资金、人才等决策依据。

企业大脑的核心功能有企业经营发展板块、企业风险管控板块、企业健康运营板块、企业科技创新板块和企业可持续发展板块五大板块，彻底解决了企业管理层和执行层所共同关注的核心问题，以及通过企业大脑深度学习实现了辅助决策能力和自学习、自解决的能力。其中企业经营发展板块是基础，企业风险管控板块是关键，企业健康运营板块是核心，企业科技创新板块是宗旨，企业可持续发展板块是目标，共同构成了企业大脑的整体功能。

4.1　企业经营发展板块

1. 特点

企业综合发展能力通过企业发展指数进行衡量，该指数体现了企业的整体发展趋势和综合能力，体现了企业对社会的整体经济贡献指数。企业经营发展业务模型包括但不局限于以下内容。

(1)指标评价：企业发展指数。

(2)能力评价：企业经济发展评分。

(3)预测评价：预测企业未来 1~5 年的企业发展指数。

(4)图表展示：企业发展指数分指标展示，企业经营发展趋势展示。

(5)总结性结论：根据评价及预测值，给出企业未来经营发展的指导性意见或建议。

2. 业务流程

企业经营发展业务模型分别通过收入利润率、资产收益率、资产负债率、两金流动资产占比、技术投入占比、全员劳动生产率、工资产出比、人员净资产等纬度分析企业经营发展和现状、评价企业经营发展好坏，通过数据时间纬度的积累，不断自我学习，修改企业经营发展的预测结果。业务流程如下所示。

(1) 指标分析：收入利润率实现同比和环比，数据项实现与上月对比。
(2) 分析标准：给定收入利润率评价的标准准则。
(3) 针对性总结说明：对数据项出现数值大小的改变，有针对性的说明。
(4) 预测分析：可实现收入利润率和数据项未来1~5年的数值预测。
(5) 排名分析：实现同行业排名、不同行业排名。

3. 效果及意义

企业经营与发展战略是在对企业未来环境预期的基础上，结合本企业的内部条件，对企业发展目标、实施步骤和措施所做的长期规划。企业经营管理是企业经营发展的重要基础，企业经营发展的好坏直接关系到企业生死存亡，所以高效合理地管理企业销售、生产、财务、人力资源、研发等内部资源是企业发展的重要基石。企业作为国民经济的重要构成部分，在推动我国整体经济发展中发挥着毋庸置疑的作用，所以企业经营发展的好坏也影响着国家经济发展。

4.2 企业风险管控板块

1. 特点

企业风险信息包括企业经营特质、经营能力、供应链情况、践约评估、涉税信用、风险态势评估等方面。通过企业风险管控，对企业关键风险指标进行采集，实现对重大风险的有效监控。并充分地考虑集团管理的复杂程度，能灵活地适应集团多层级、多业务条线的风险管理策略，满足多层级、多岗位、多用户需求。根据企业的基础风险数据，企业风险业务模型包括但不局限于以下内容。

(1) 企业经营特质评分：企业经营的特性和风险指数。
(2) 企业经营能力指数：企业持续经营的活力和潜力。
(3) 供应链健壮指数：企业上下游供应链的基本信息。
(4) 合同践约评估：企业合同和契约的执行度和预测值。
(5) 涉税信用评估：企业纳税综合信用指数。
(6) 企业征信评估：企业征信信息标准差指数。

(7)风险态势评估：企业综合风险态势指数。

2. 业务流程

企业风控指数是企业风险控制综合能力，以及对可能性突发风险的应对能力。我们通过分析企业严重违法、行政处罚、税收违法、法律诉讼等信息数据来评测企业的风险管控能力。

(1)严重违法：严重违反国家行政条例。

(2)行政处罚：违反国家行政法规，给予行政制裁的具体行政行为。

(3)税收违法：逃税、漏税被依法追究责任。

3. 效果及意义

企业风险又称经营风险，企业风险管理是对企业内可能产生的各种风险进行识别、衡量、分析、评价，并适时采取及时有效的方法进行防范和控制，用最经济合理的方法来综合处理风险，以实现最大安全保障的一种科学管理方法。企业风险管控是企业经营管理的关键，影响着企业的生存与发展。企业必须树立风险意识，针对企业风险特点，建立风险信息评价体系，通过风险识别、风险分析措施对企业进行全面的防范和控制，使企业得到更好的发展。

4.3 企业健康经营板块

1. 特点

从企业管理者角度，展示管理者日常关注的企业经营状况，反映企业经营健康程度，包括企业的资产统计、收入、成本的统计和分项追溯，合同执行签订及执行情况汇总分析、人员结构的统计分析。企业健康经营下衡量指标包括但不局限于以下内容。

(1)企业健康状态指数：企业健康状态的综合指数。

(2)企业态势评估指数：企业发展态势的预测指数。

(3)企业持续增长度：企业持续三年增长的增长率。

(4)企业抗风险能力指数：面对突发风险的应对指数。

2. 业务流程

企业健康经营状态分别通过资产类、收入、支出、合同、人员分析等纬度分析企业健康经营发展和现状、评价企业健康经营好坏，通过数据分析，调整企业健康经营管理方式。

(1) 资产类：总资产、净资产、未分配利润。
(2) 收入：货币资金、应收账款。
(3) 支出：人员费用、研发费用、商务费用、办公费用、日常费用、机动、其他应付款。
(4) 合同：未执行合同、正执行合同、新签合同。
(5) 人员分析：在职人员的多维度分析(年龄、性别、居住地、学历、组织架构)，入职、离职统计。

3. 效果及意义

企业健康管理能降低企业人员的办公费用，为企业节约成本，企业健康管理能大大减少员工因患病或健康事假而带来的间接经济损失，企业健康管理能显著提高员工的劳动生产率。

4.4 企业科技创新板块

1. 特点

企业科技创新体现一个企业总体科研能力和科技发展水平的综合展现方式。一个企业是否把握世界上前沿的新技术、新科技和新成果，是企业能否立于发展不败之地的必要条件和基本要素，也是衡量一个企业能否抢占市场先机、处于行业领先地位的核心要素。一个企业科技创新能力的大小，从一定意义上体现了企业的综合活力和综合现代化水平。根据企业的科技创新基础数据，科技创新业务模型包括但不局限于以下内容。

(1) 企业科技收益指数：企业通过科技创新带来的收益。
(2) 企业创新提升能力：通过科技和信息手段给企业带来的能力提升。
(3) 企业新技术投入收益率：通过引进新技术带来的收益比。
(4) 企业创新总量：企业技术创新、管理创新、流程创新等的总和。

2. 业务流程

企业科技创新业务模型分别通过科技投入、信息化水平、智能改造水平、商标信息、专利信息、专家信息、证书信息、作品著作权、软件著作权、网站信息、自研软件产品、外采软件产品、研发人员信息、科研水平、实验室情况、人才储备信息等指标信息来评价企业科技创新能力。

(1) 科技投入：指支持开展科技活动的投入，也指生产性的投入。
(2) 信息化水平：培养、发展以计算机为主的智能化工具为代表的新生产力。

(3)智能改造水平：对信息技术、计算机网络技术、行业技术、智能控制技术汇集而成的针对某一个方面应用的智能集合。

(4)商标信息：专属于企业自身的标识。

(5)专利信息：拥有自己发明创造专属于自己企业的资产。

(6)专家信息：特别精通某一学科或某项技艺的有较高造诣的专业人士。

(7)证书信息：由国家机关或其他有关机关等颁发的证明资格或权力的文件。

(8)著作权：表明作者身份，在作品上署名的权利。

3. 效果及意义

随着新经济时代的到来和经济全球化步伐的加快，企业与世界经济联系越来越紧密，技术进步、技术创新正式成为经济发展的原动力。市场瞬息万变，技术和市场的激烈竞争，常常影响企业的发展，它既可给企业带来风险和挑战，又可给企业带来商机。企业想要在市场竞争中地位巩固和发展，就需要借助强大的竞争优势，而市场竞争优势的形成又依赖于超前的技术。所以技术创新则是实现企业进步的重要途径，在激烈的市场竞争中企业能否随着市场的需求和变化，不断研发市场需要的新技术、新产品，就需要采取相应的发展策略。因此要形成以科技创新为核心的发展战略，企业科技创新是企业经营管理的宗旨，是企业的灵魂和发展动力。

4.5 企业可持续发展板块

1. 特点

企业可持续发展是衡量企业以一种健康稳定的发展模型，以持续递增的加速度平稳增长和飞速上升的衡量指标。从某种程度上讲，无数企业的可持续发展能力的加权综合，构成了全社会经济的可持续发展能力的衡量指标，作为社会经济可持续发展的重要依据。企业可持续发展体现了企业对经济社会的贡献度，是衡量企业在全社会经济发展过程中发挥的作用。企业可持续状况业务模型包括但不局限于以下内容。

(1)企业环境影响指数：企业发展过程中对环境影响的评价值。

(2)企业节能指数：企业运营过程中节能环保的评定指数。

(3)企业新能源利用率：企业利用新能源占总能源的比值。

(4)企业持续周转率：企业在无新项目基础上持续周转的最长时间(月为单位)。

(5) 企业稳固增长指数：企业处于健康级别 B 以上的增长幅度。

(6) 企业可持续上升指数：企业持续增长上升的梯度。

(7) 企业经济社会贡献度：企业的发展对经济社会长期稳定发展的综合贡献指数和贡献力。

(8) 企业活力指数：主要从企业增值税纳税主体的增长变化角度观察企业活力情况。

2. 业务流程

通过企业的可持续发展指标、行政许可、税务信用等级、产品信息、融资信息、招投标信息、招聘信息、财务总览、进出口信用、微信公众号、新闻舆情、公告研报、地块公示、购地信息、债券信息、抽查检查、电信许可、环保信息、排污信息、新能源信息，得出企业可持续发展的综合能力。

3. 效果及意义

可持续发展是既要考虑当前发展的需要，又要考虑未来发展的需要；不能以牺牲后期的利益为代价换取发展，满足利益。同时可持续发展也包括面对不可预期的环境振荡，而持续保持发展趋势的一种发展观。随着可持续发展的提出，人们对可持续的关注越来越密切，而且从环境领域渗透到各个领域中。企业可持续发展理论的诞生比较晚但发展相对迅速。随着社会环境的变化，企业面对着变化迅速的环境很难适应，而且随着众多企业失败现象的出现，如何使企业在未来依然取得良好的发展势头，越来越引起企业的重视。所以企业应重视自身可持续发展的重要性，企业可持续发展体现了企业为经济社会的贡献度，衡量了企业在全社会经济发展过程中发挥的影响力。

4.6 大脑工作台

1. 特点

大脑工作台是大脑运作的核心，管理"四库""三池"与大脑应用，对外提供开放接口，官方发布的应用管理，页面所需要的数据管理，页面编辑器，自定义组件管理，数据库元数据管理，算法与模型管理。

2. 业务流程

作为企业大脑的核心，大脑工作台主要用于服务管理、项目管理、数据源管理、模型管理、权限管理等管理工作。

(1) 服务管理。服务调用是企业大脑对外提供数据的唯一窗口，API 服务按照企业管理层次权限的不同提供不一样数据源，API 层级按照行业级别、企业级别、项目级别进行分层管理。

(2) 项目管理。项目管理对页面进行权限编辑，包括新增、删除、修改、发布等基础操作。项目编辑器是对项目的可视化编辑操作功能，同样也可以对单独页面进行可视化编辑操作。编辑页面提供丰富的平台组件供用户选择，用户通过简单的拖拽就可以定制需要的可视化面板。平台会定期更新一批好看、好用的面板，供给用户选择使用。

(3) 数据源管理。数据源管理功能提供用户自定义数据，自主选择算法的功能实现数据可定制；中期提供数据采集、治理等数据流程的拖拽式可视化工作；末期实现可视化的元数据、数据的综合治理及管理平台，最终提供给平台数据穿透图。目前已经实现应用固化、数据灵活可配，逐步迭代争取尽快实现应用和数据高度可配置。

(4) 模型管理。模型管理是对"四库"和"三池"系统管理，包括元数据管理、算法管理和知识库的管理。其中"三池"管理和"四库"管理面向企业运营管理人员。元数据管理和算法管理面向用户。

(5) 权限管理。权限模块包括登录、注册、功能菜单以及登录异常情况的权限。

3. 效果及意义

大脑工作台是大脑运作的核心，像一个人的大脑一样，支配着行为方式、语音等。它通过数据挖掘、机器学习等方法挖掘隐藏在数据后的规律，预测未来的发展趋势或可能出现的风险，由事后转向事前，辅助决策者评估风险，引导其做出正确的决策。流程自动化按照预先设定的规则执行任务，能够替代业务人员处理重复性工作。

4.7 数据填报

1. 特点

数据填报是报表用以满足用户提出的灵活报送数据的需求，能快速开发各类数据采集系统的专业功能。多源填报模型可实现数据的多源抽取与多源回填，在同一张填报表上实现数据提交至多个不同的数据表、数据库。

数据填报的具体功能特点如下。

(1) 独有的动态库表关联技术，实现数据库表结构与报表任意单元格间的对应。

(2) 支持 HTML 填报、Excel 导入数据填报。
(3) 支持 HTML、Excel 离线数据批量导入数据库。
(4) 支持填报表的多表/多库的数据回填。
(5) 支持多页(多 Tab)填报。
(6) 支持填报表的文件/图片上传。
(7) 提供严格的填写控制，如数据是否合理、类型是否匹配、校验关系及出错信息。
(8) 支持即时检查、提交时检查两种合法性校验方式。
(9) 既支持获取原始数据，也支持灵活格式的在线填写。
(10) 填报数据一次性自动入库，支持多库多表的同时保存，并保证数据的一致性。
(11) 支持填报单元格间的自动计算。

2. 业务流程

数据填报功能只有系统的管理员才能操作，数据填报根据五大应用模板进行了定制，用户首先要下载不同模块的 Excel 模板。用户填写好数据后，通过导入功能把数据上传到平台进行数据挖掘分析。

3. 效果及意义

软件开始时还能适应业务需求，但是随着业务快速变化和扩大，应用软件很快就面临不适用的情况。这样的问题越多，客户也就迫切希望有一个随需而动的填报工具能够更快更好地满足企业自身的需要。智能填报能够实现各类规范/复杂的填报应用，并且设计过程简单高效。

4.8 行 业 分 析

1. 特点

行业分析是介于宏观经济与微观经济分析之间的中观层次的分析，是发现和掌握行业运行规律的必经之路，是行业内企业发展的大脑，对指导行业内企业的经营规划和发展具有决定性的意义。通过同行业和不同行业的配置，为企业选择对比的企业。

行业分析的具体功能特点如下所示。
(1) 用户自定义所属行业。
(2) 用户自定义同行业企业。

(3)用户自定义不同行业企业。

(4)同行业企业只支持 10 家。

(5)不同行业企业支持 10 家。

2. 业务流程

同行业和不同行业的配置，是根据企业所属行业进行配置，企业管理员首先要为选择归属行业。根据行业的不同，用户进行同行业企业和不同行业企业的筛选。

3. 效果及意义

行业是由许多同类企业构成的群体。如果我们只进行企业分析，虽然可以知道某个企业的经营和财务状况，但不能知道其他同类企业的状况，无法通过比较知道企业在同行业中的位置。而这在充满着高度竞争的现代经济中是非常重要的。另外，行业所处生命周期的位置制约着或决定着企业的生存和发展。

第 5 章　企业大脑应用环境

本章主要介绍企业大脑应用环境，介绍系统环境注册，包含个人注册和企业注册，完成个人注册的用户可直接申请加入企业，注册后登录 INDICS 平台便可查看企业大脑应用；介绍系统中的企业信息配置、企业指标配置和同行业不同行业企业的配置；介绍数据填报功能和白名单管理功能；介绍五大应用模块的概念及页面展示内容；介绍各子模块的指标说明及使用方法。

5.1　应用环境简介

5.1.1　系统登录

未使用过 INDICS 平台的用户请按步骤操作。已成为企业用户的用户，请直接查看第四步；仅注册 INDICS 平台个人账号的用户，请直接查看第三步。

1. 首页

进入 INDICS 平台主页(http：//www.casicloud.com/)，单击右上角"用户注册"按钮，如图 5-1 所示。

图 5-1　航天云网门户

2. 个人注册

进入账户注册界面，按照界面要求填写相应的信息进行个人账号注册，如图5-2所示。

图 5-2　个人注册

3. 成为企业用户

注册成功之后即成为个人用户。选择"成为企业用户"进行下一步的操作，如图5-3所示。

图 5-3　企业用户

第 5 章 企业大脑应用环境 ·109·

已经注册过 INDICS 平台的，可以在 INDICS 平台首页，点击账户管理、个人信息、我的企业，如图 5-4 所示。

图 5-4 企业注册

若企业在云网尚未注册，则直接跳转下面截图页面，完善信息即成为企业用户，就是第一个注册该企业的用户，即为该企业的企业管理员，如图 5-5 所示。

图 5-5 申请企业用户

若该企业存在，可以申请加入该企业，输入企业在云网上的完整名称，提交申请后需要该企业的企业管理员进行审核，如图 5-6 所示。

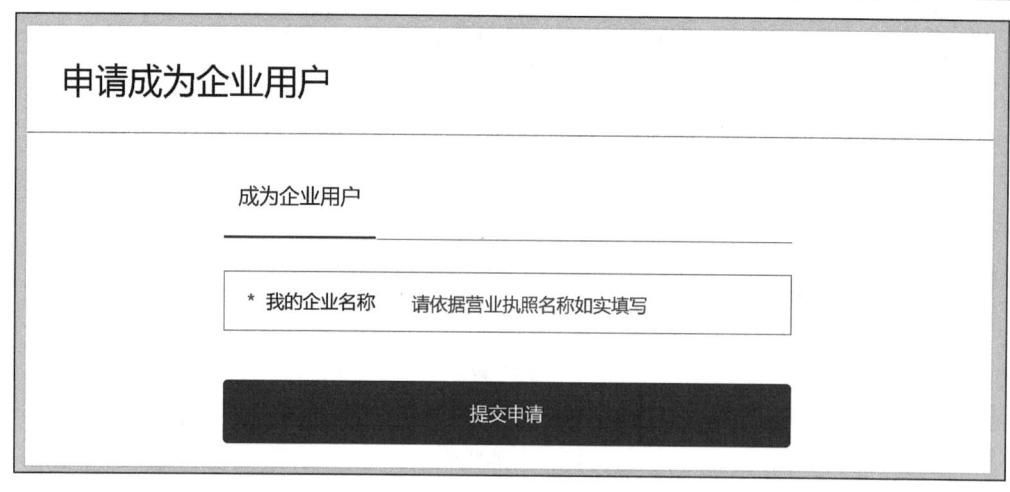

图 5-6　企业管理员审核企业用户

企业管理员审核通过后，就成为企业用户。

4. 进入各产品首页

已经成为企业用户的用户，返回登录页面，在手机/邮箱/用户名登录选项，输入手机号和密码后，单击"登录"按钮，如图 5-7 所示。

图 5-7　登录界面

登录之后，在首页滚动轮播图下方导航栏中单击"企业大脑"按钮，进入企业大脑首页，如图 5-8 所示。

第 5 章　企业大脑应用环境 ·111·

图 5-8　企业大脑登录按钮

5.1.2　企业选择和查看时间选择

通过每个功能首页右上角的"选择公司"下拉菜单选择查看的公司，单击日期控件选择查看的具体时间，如图 5-9 所示。确定完成后，页面下方即可展示当前选择的数据。

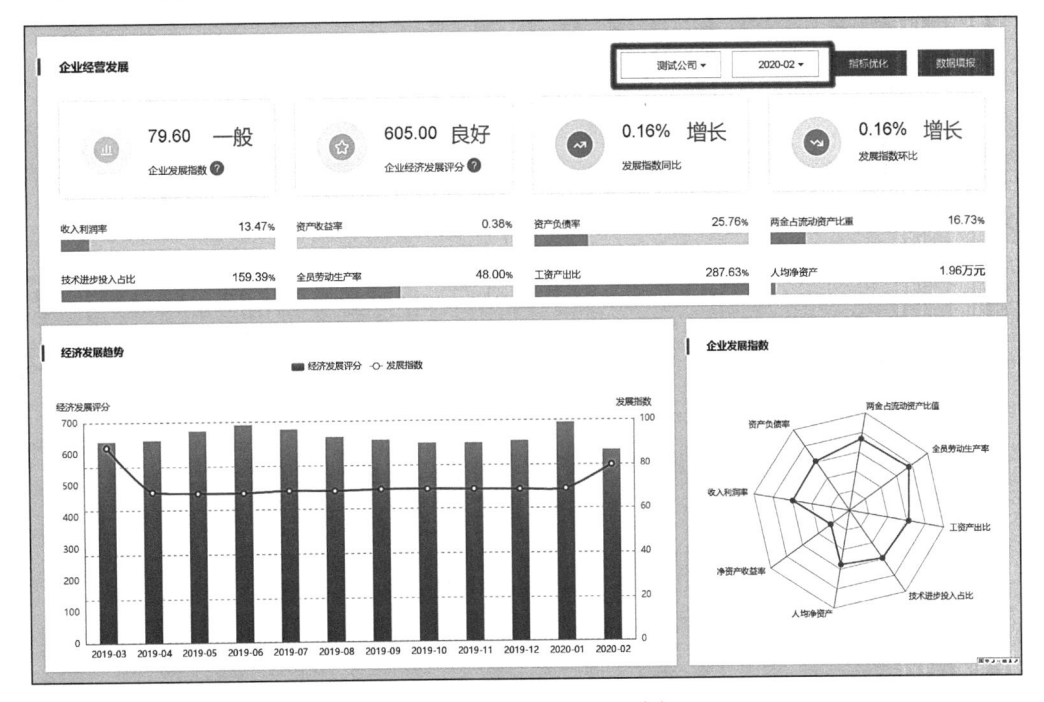

图 5-9　公司选择及日期选择

5.1.3 分指标详情页

单击每个功能首页的分指标名称,跳转至分指标详情页,如图 5-10 所示。

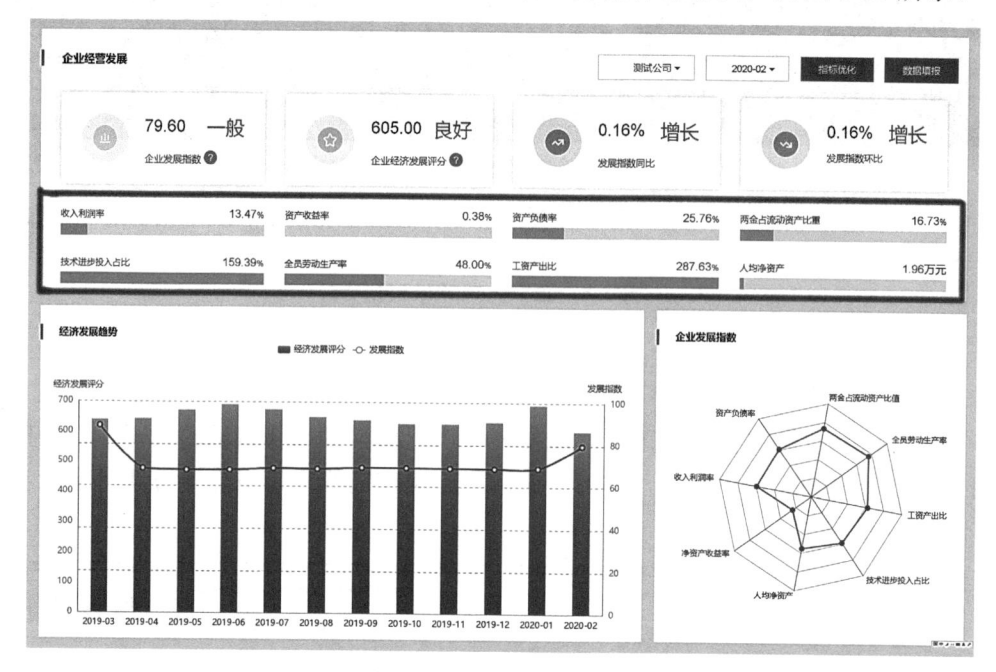

图 5-10 分指标详情页

5.1.4 数据填报功能

数据填报列表如图 5-11 所示,单击"导入"按钮可以先下载模板,填好数据后上传文件进行导入数据,如图 5-12 所示。单击"导出"按钮可直接将数据导出形成文件。

图 5-11 数据填报列表

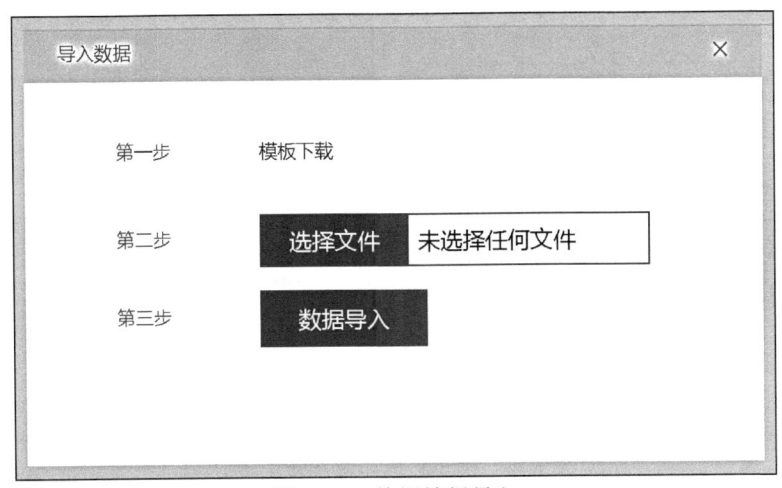

图 5-12 数据填报导入

5.1.5 数据查看说明

单击每个功能"首页"的"数据填报"按钮，跳转至"数据填报页"。

企业大脑页面中，公司根据集团企业的层级关系确定，集团内企业用户默认进入自己本公司，按照登录系统的权限设置，可选择企业。

企业大脑五大功能的统计数据按月进行展示，根据用户需求，用户可以查找历史任意月份的数据，时间确定之后，此页面下均展示该时间段的统计数据。企业大脑预测值数据是根据历史数据预测出的值，如图 5-13 所示。显示的数据包括历史数据和预测数据两类，如图 5-14 所示。

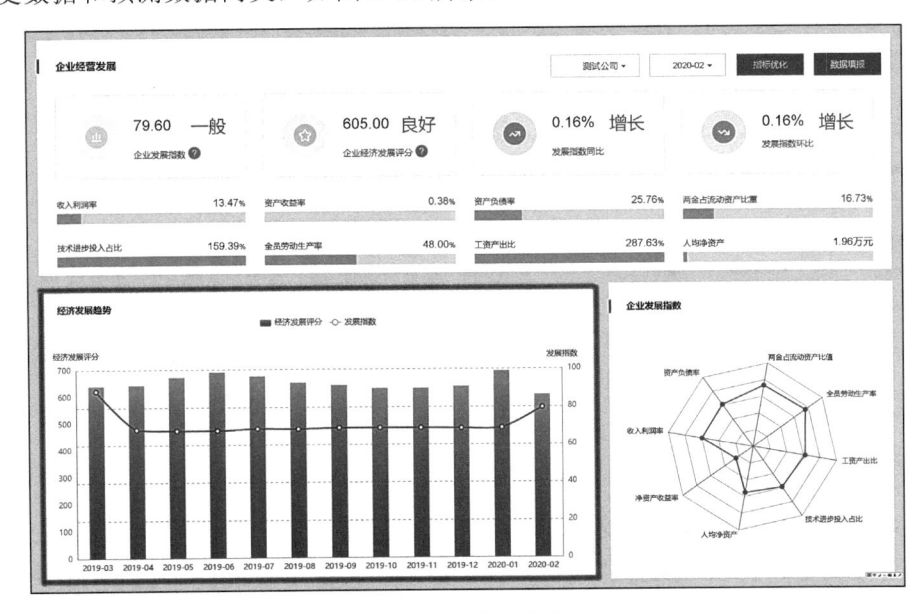

图 5-13 五大应用数据查看

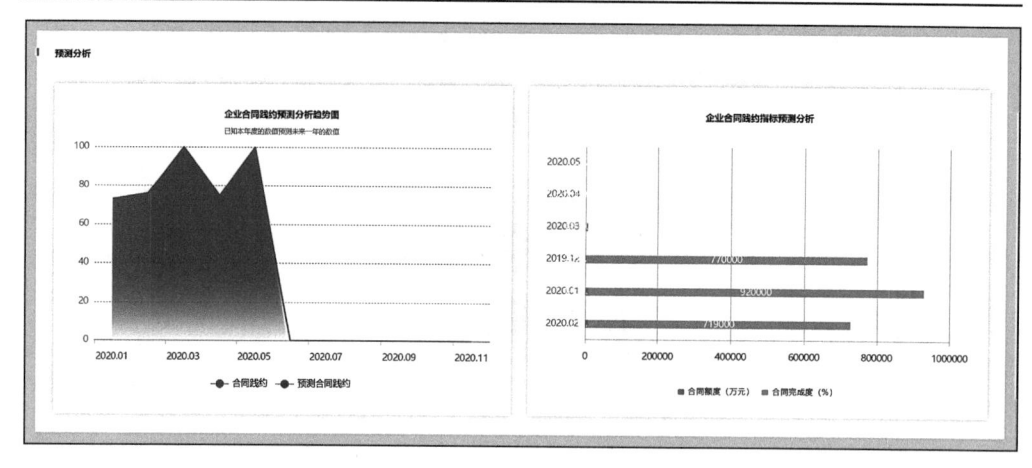

图 5-14 历史数据和预测数据查看

5.1.6 白名单管理

白名单通过管理员的权限控制，可以设置用户的账号信息为白名单还是非白名单，通过操作"启动"按钮将用户设为白名单用户，通过"禁用"按钮可以更改是否为非白名单的用户，如图 5-15 所示。

图 5-15 白名单查看和管理

5.1.7 企业信息配置

企业信息配置只有企业的管理员才能进行配置，企业信息配置是配置企业名称、企业类型、企业所属行业、统一社会信用代码和工商注册号等企业重要信息的地方，如图 5-16 所示。

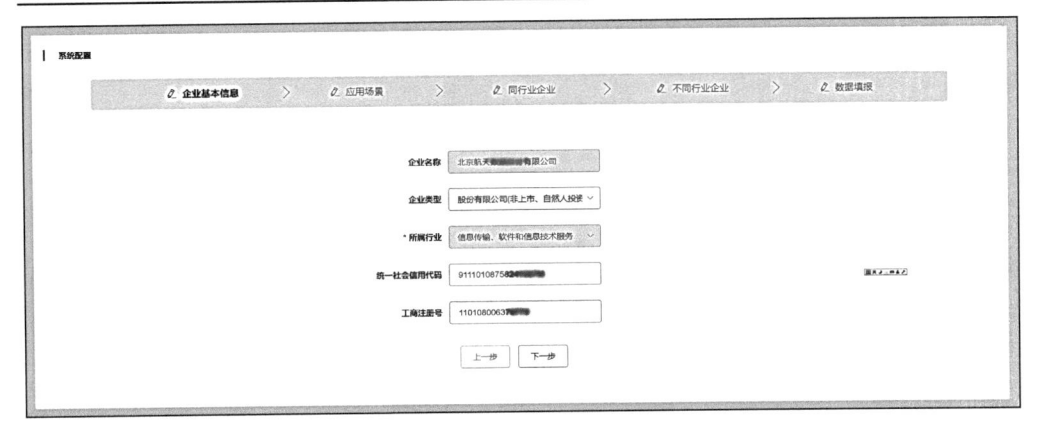

图 5-16 企业信息配置

5.1.8 企业指标配置

企业指标配置只有企业的管理员才能进行配置，企业指标配置是配置企业发展指数、企业科技创新、企业可持续发展、企业风险管控、企业健康经营五大应用板块的指标配置，目前支持大模块的选择，针对企业可以自定义指标，如图 5-17 所示。

图 5-17 企业指标配置

5.1.9 同行业企业配置

同行业企业配置只有企业的管理员才能进行配置，根据企业信息中的企业所属行业，筛选出当前行业所属的企业，支持 10 家同行业企业配置，如图 5-18 所示。

图 5-18　同行业企业配置

5.1.10　不同行业企业配置

不同行业企业配置只有企业的管理员才能进行配置，根据企业信息中的企业所属行业，筛选出不同行业所属的企业，支持10家不同行业企业配置，如图5-19所示。

图 5-19　不同行业企业配置

5.2　企业经营发展模块使用方法

企业综合发展能力通过企业发展指数进行衡量，该指数体现了企业的整体发展趋势和综合能力，体现了企业对社会的整体经济贡献指数。

5.2.1 应用首页

企业经营发展模块首页(图 5-20)展示内容如下。

(1)评价指标：包括企业发展指数和企业经济发展评分。

(2)数据指标：指数当前月数据数值和同比与环比数值，指数分指标当前月数据数值。

(3)图表展示：评价指标采用柱状图和折线图形式展示本年度的历史数据，企业发展指数采用雷达图展示分指标数值。

(4)总结性描述：定性定量给定企业经营发展的状态。

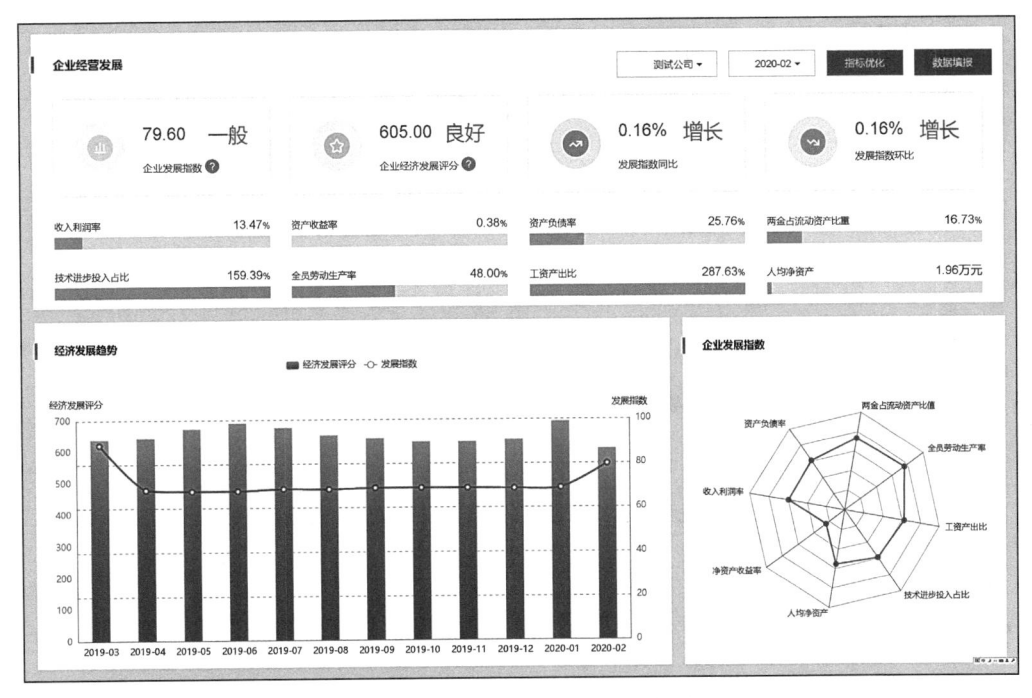

图 5-20 企业经营发展模块首页

(5)指数说明按钮：单击弹出指数简介说明。
(6)日期下拉菜单：选择需要查看的哪个时间节点的数据。
(7)公司下拉菜单：选择需要查看的企业名称。

5.2.2 收入利润率

收入利润率如图 5-21 所示。

(1)显示的指标：收入利润率、企业销售利润、企业营业收入，如表 5-1 所示。

表 5-1　收入利润率指标说明

指标	指标影响
收入利润率	这项指标越高，说明一定时期内利润计划的完成度越高，反之越低
企业销售利润	这项指标越高，说明企业销售收入获取利润的能力越强，反之越低
企业营业收入	营业收入指标越高，补偿生产经营耗费的资金越充裕，企业竞争力越强

（2）近 12 个月企业销售利润统计：可查看企业销售利润。

（3）近 12 个月企业营业收入和销售利润收入：可查看企业营业收入、企业销售利润。

图 5-21　收入利润率

5.2.3　资产收益率

资产收益率如图 5-22 所示。

（1）显示的指标：企业收益率等，如表 5-2 所示。

（2）近 12 个月母公司所有者净利润统计：可查看母公司所有者的净利润。

（3）近 12 个月母公司净利润和母公司所有者权益趋势：可查看母公司所有者净利润，平均归属母公司所有者权益。

表 5-2　资产收益率指标说明

指标	指标影响
企业收益率	收益率指标越高，投资回报率越高，企业资源分配越合理

第 5 章 企业大脑应用环境

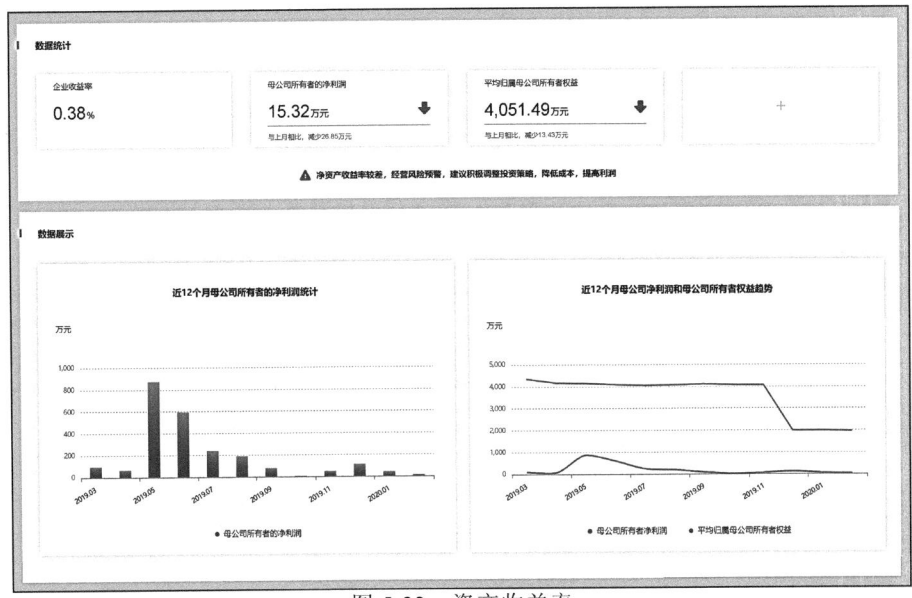

图 5-22 资产收益率

5.2.4 资产负债率

资产负债率如图 5-23 所示。

图 5-23 资产负债率

(1)显示的指标：企业负债率、企业负债总额、企业资产总额，如表 5-3 所示。

(2)近 12 个月企业负债统计：可查看企业负债总额。

(3)近 12 个月企业负载总额和资产总额趋势：可查看企业负债总额和企业资产总额。

表 5-3　资产负债率指标说明

指标	指标影响
企业负债率	资产负债率能够揭示出企业的全部资金来源中有多少是由债权人提供的。从债权人的角度看，资产负债率越低越好。对投资人或股东来说，负债比率较高可能带来一定的好处(财务杠杆、利息税前扣除、以较少的资本(或股本)投入获得企业的控制权)。从经营者的角度看，他们最关心的是在充分地利用借入资金给企业带来好处的同时，尽可能降低财务风险。企业的负债比率应在不发生偿债危机的情况下，尽可能高
企业负债总额	该指标是企业承担的各项负债的总和，包括流动负债和长期负债
企业资产总额	指企业拥有或控制的全部资产，包括流动资产、长期投资、固定资产、无形及递延资产、其他长期资产等，即企业资产负债表的资产总计项

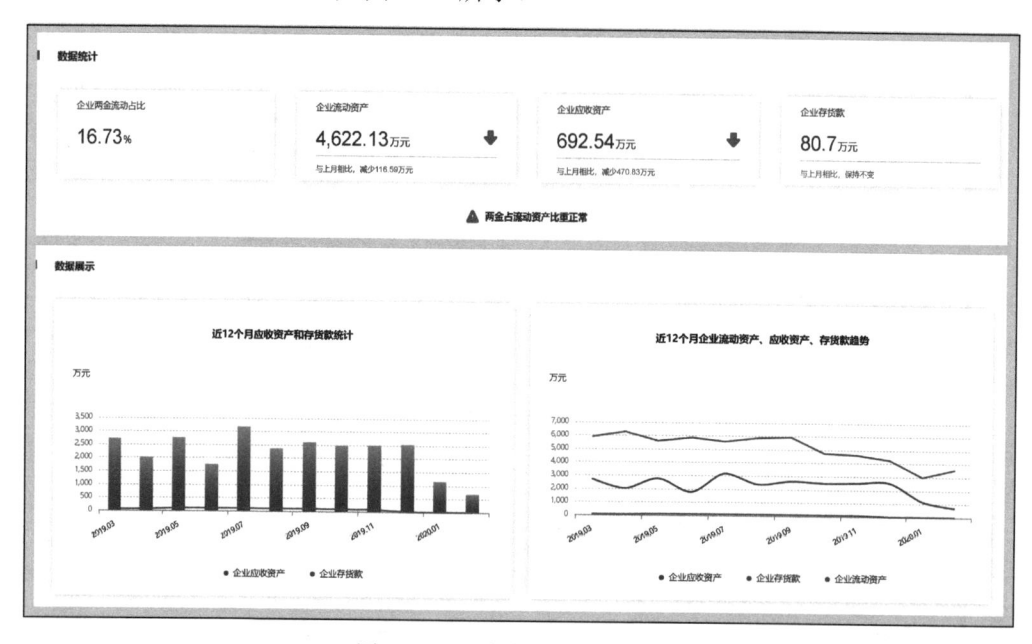

5.2.5　两金占流动资产比重

两金占流动资产比重如图 5-24 所示。

图 5-24　两金占流动资产比重

(1) 显示的指标：企业两金流动占比、企业流动资产，如表 5-4 所示。

(2) 近 12 个月应收资产和存货款统计：可查看企业应收资产和企业存货款。

(3) 近 12 个月企业流动资产、应收资产、存货款趋势：可查看企业应收资产、企业存货款和企业流动资产。

表 5-4 两金占流动资产比重指标说明

指标	指标影响
企业两金流动占比	指工业企业产成品库存和应收账款净额占企业流动资金平均余额的比重，是反映企业资金运营管理水平和财务风险情况的重要监测指标
企业流动资产	流动资产大于流动负债，一般表明偿还短期能力强，流动比率越高，企业资产的流动性越大，表明企业有足够变现的资产用于偿债，但是，并不是流动比率越高越好

5.2.6 技术进步投入占比

技术进步投入占比如图 5-25 所示。

(1) 显示的指标：技术进步投入占比、本月科技支出、企业营业收入。

(2) 近 12 个月企业科技支出趋势：可查看企业科技支出。

(3) 近 12 个月企业营业收入趋势：可查看企业营业收入。

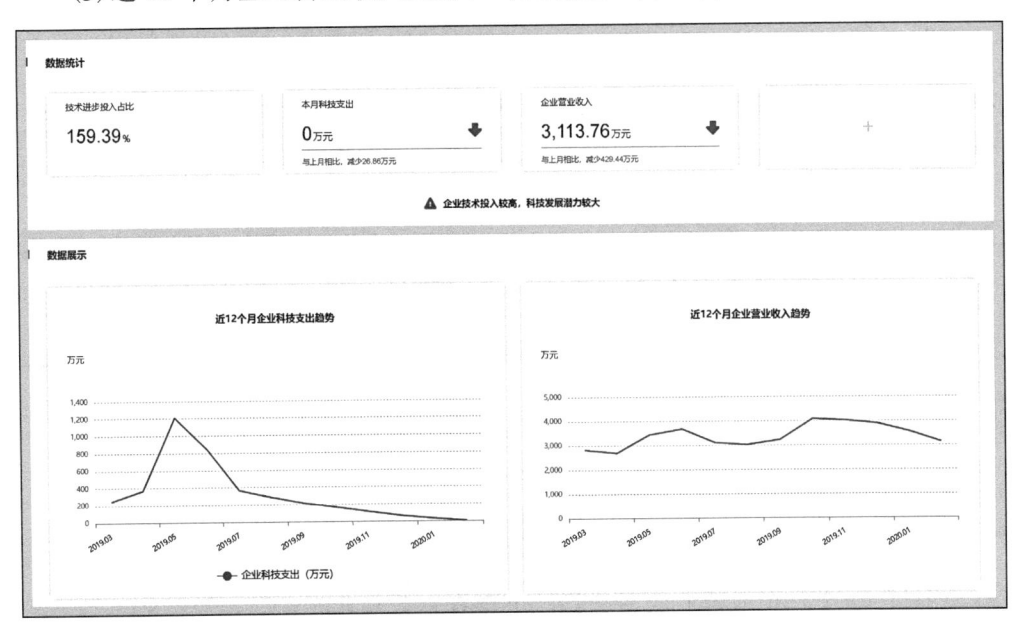

图 5-25 技术进步投入占比

5.2.7 全员劳动生产率

全员劳动生产率如图 5-26 所示。

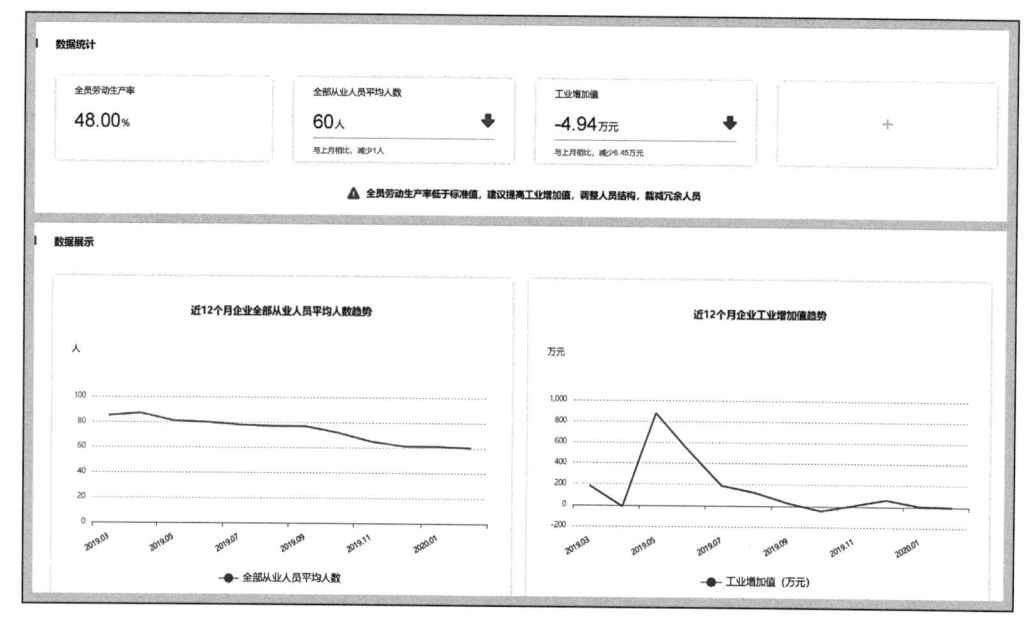

图 5-26 全员劳动生产率

(1) 显示的指标：全员劳动生产率，如表 5-5 所示。
(2) 近 12 个月企业全部从业人员平均人数趋势：可查看全部从业人员平均人数。
(3) 近 12 个月企业工业增加值趋势：可查看工业增加值。

表 5-5 全员劳动生产率指标说明

指标	指标影响
全员劳动生产率	指标越高，表示该企业生产技术水平、经营管理水平、职工技术熟练程度和劳动积极性越优秀

5.2.8 工资产出比

工资产出比如图 5-27 所示。

(1) 显示的指标：工资产出比、工资支出总额、企业营业收入。
(2) 近 12 个月企业工资支出总额趋势：可查看工资支出总额。
(3) 近 12 个月企业营业收入趋势：可查看企业营业收入。

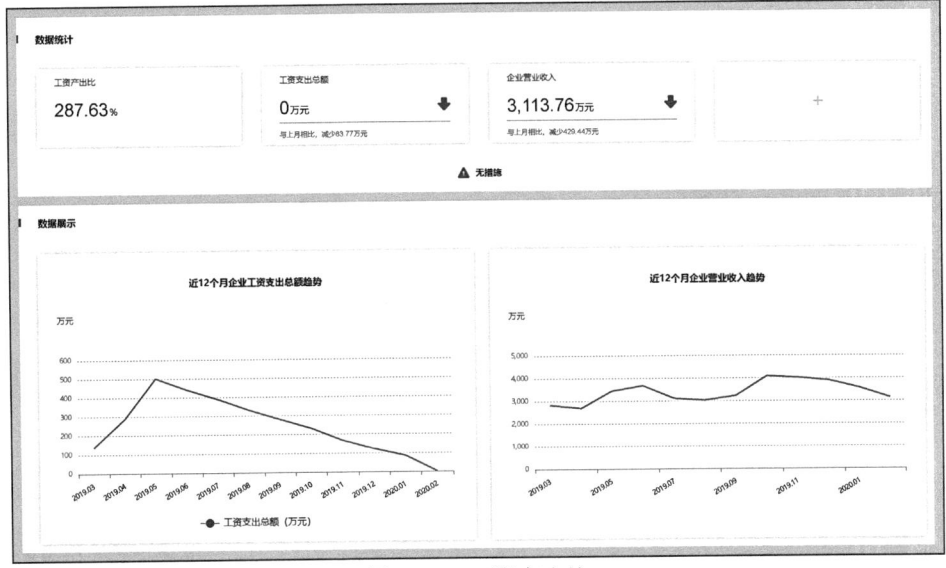

图 5-27 工资产出比

5.2.9 人均净资产

人均净资产如图 5-28 所示。
(1) 显示的指标：人均净资产、全部员工总数、企业净资产。
(2) 近 12 个月企业员工总人数趋势：可查看全部员工总数。
(3) 近 12 个月企业净资产趋势：可查看企业净资产。

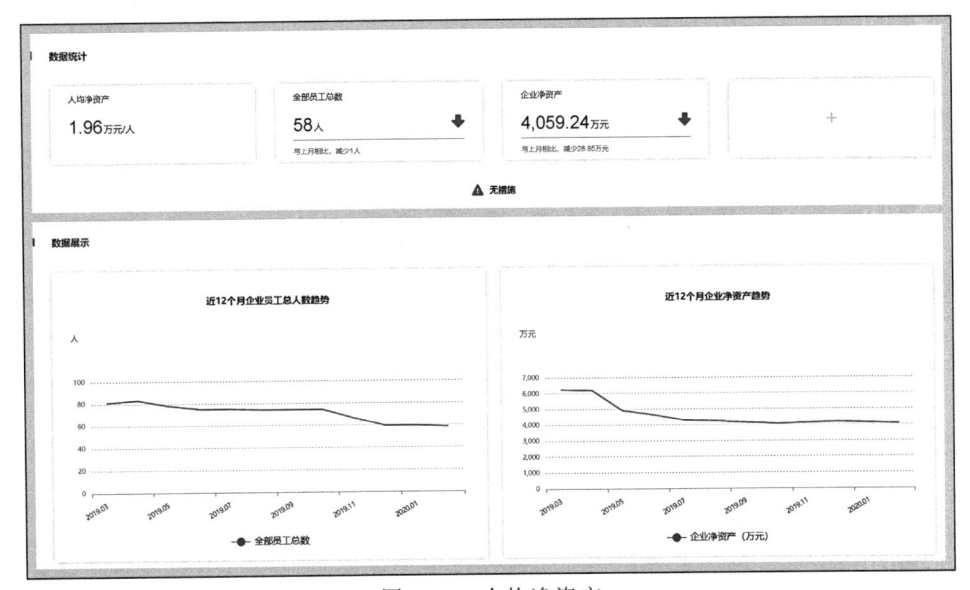

图 5-28 人均净资产

5.2.10 分指标详情页

企业发展指数分指标包括收入利润率、净资产收益率、资产负债率、两金占流动资产比重、技术进步投入占比、全员劳动生产率、工资产出比、人均净资产。分指标详情页展示内容如下。

(1) 数据统计：显示分指标当前月数值，及用来衡量分指标的基础数据数值。
(2) 数据展示：以折线图形式显示基础数据近 12 个月趋势。
(3) 指标排名：以柱状图形式显示同行业和不同行业基础数据排名。
(4) 其他：计算分指标同比、环比，在基础数据上进行月对比。定性定量给出总结性描述。

企业发展指数分指标详情页如图 5-29 所示。

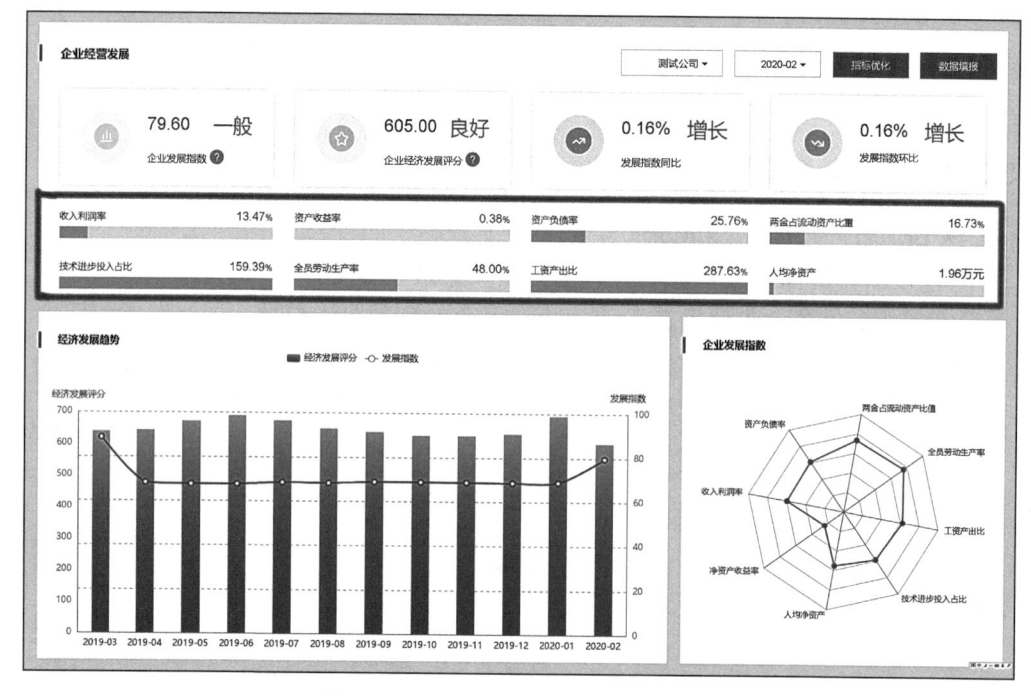

图 5-29　企业发展指数分指标详情页

(5) 指标优化按钮：单击跳转至"财务体系评价页"。
(6) 指数说明按钮：单击弹出指数简介说明。

企业经营发展数据填报功能展示功能如下。

(1) 数据填报数据：展示历史填报数据，如图 5-30 所示。
(2) 导入功能：首先下载模板，然后对模板数据进行修改，最后将模板导入系统即可，如图 5-31 所示。

(3) 导出功能：单击"导出"按钮，将导出该企业经营发展的原始数据。

图 5-30　企业经营发展数据填报页

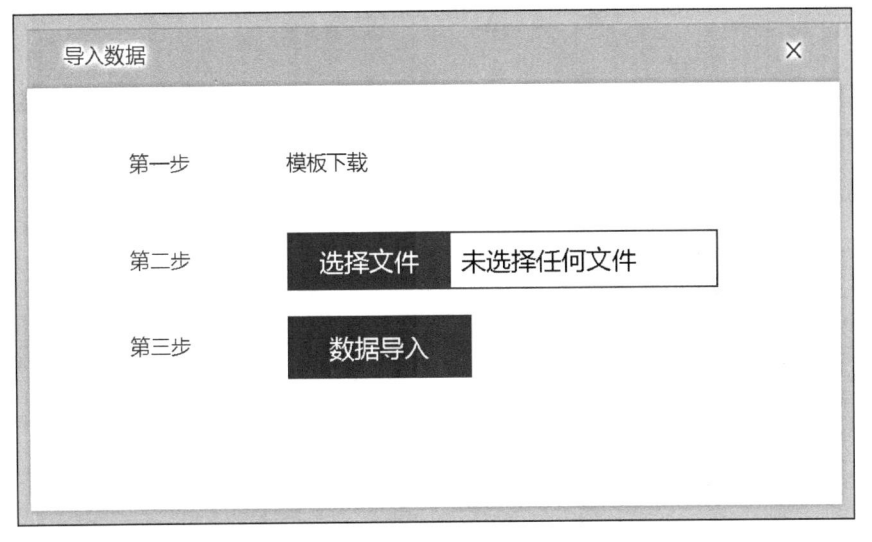

图 5-31　企业经营发展数据填报导入页

5.3　企业风险管控模块使用方法

企业风险信息包括企业经营特质、经营能力、供应链情况、践约评估、涉税信用、风险态势评估等方面。通过企业风险管控，对企业关键风险指标进行采集，实现对重大风险的有效监控。并充分地考虑集团管理的复杂程度，能灵活地适应集团多层级、多业务条线的风险管理策略，满足多层级、多岗位、多用户需求。

5.3.1 应用首页

企业风险管控首页(图 5-32)展示内容如下。

(1)评价指标：包括企业风控指数和商务信用评分。

(2)数据指标：指数当前月数据数值和同比与环比数值，指数分指标当前月数据数值。

(3)图表展示：评价指标采用柱状图和折线图形式展示本年度的历史数据，企业风控指数采用雷达图展示分指标数值。

(4)总结性描述：定性定量给定企业经营发展的状态。

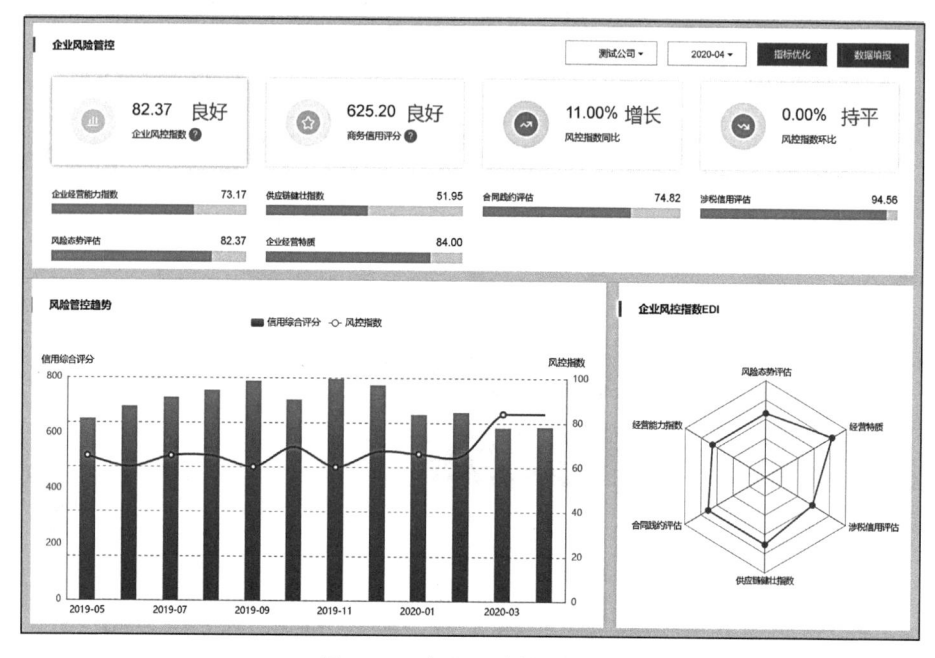

图 5-32 企业风险管控首页

(5)指数说明按钮：单击弹出指数简介说明。
(6)日期下拉菜单：选择需要查看的哪个时间节点的数据。
(7)公司下拉菜单：选择需要查看的企业名称。

企业风险管控指标说明如表 5-6 所示。

表 5-6 企业风险管控指标说明

指标	指标影响
企业经营能力指数	反映企业资产经营和利润的效率，指数越大有助于获利能力的增长
供应链健壮指数	反映供应链在不确定因素下仍能提供有效产品或服务的可能性，指数越大供应链受影响程度越小

续表

指标	指标影响
合同践约评估	反映企业的合同执行能力，指数越高企业合同完成率越高
涉税信用评估	反映企业纳税信用信息，指数越大说明企业信用越高，享受的税收优惠政策越多
企业经营特质	反映企业主营业务、企业性质、员工数量等基本属性给企业带来的风险，指数越高说明企业经营能力越强

5.3.2 企业经营能力指数

企业经营能力指数如图 5-33 所示。

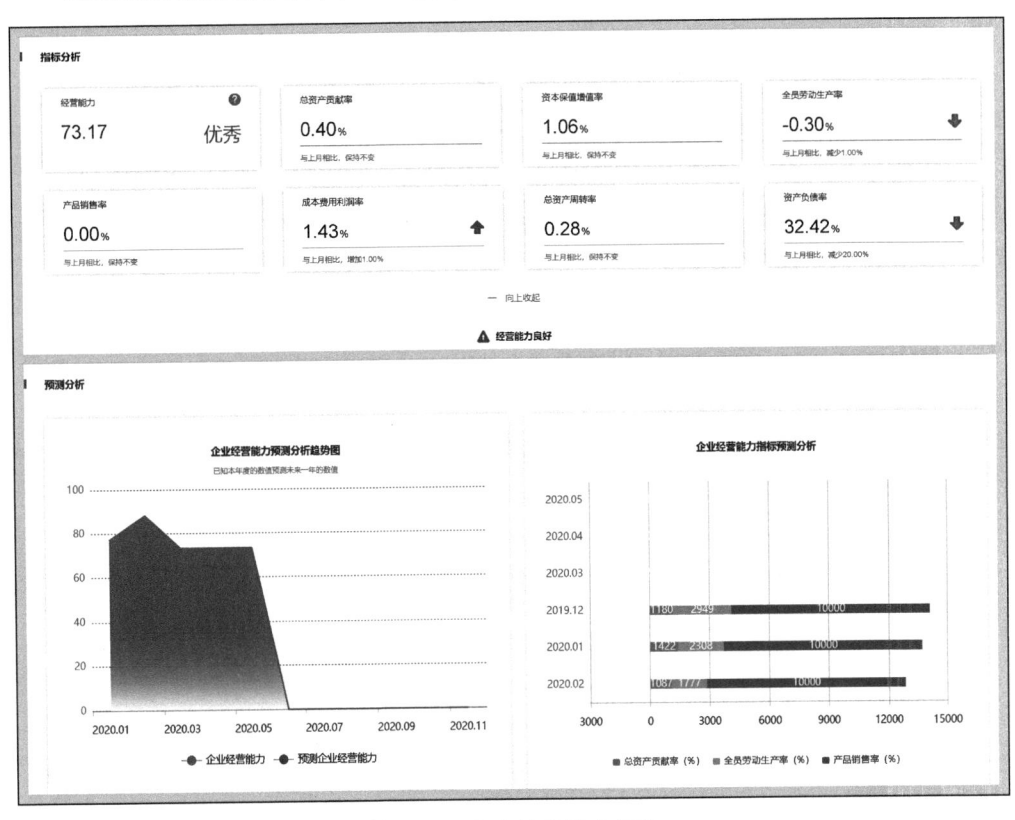

图 5-33 企业经营能力指数

(1) 显示的指标：经营能力、总资产贡献率、资本保值增值率、全员劳动生产率、产品销售率、成本费用利润率、总资产周转率、资产负债率，如表 5-7 所示。

(2) 企业经营能力预测分析趋势图：可查看企业经营能力和预测企业经营能力。

(3) 企业经营能力指标预测分析：可查看总资产贡献率、全员劳动生产率、产品销售率。

表 5-7　企业经营能力指标说明

指标	指标影响
经营能力	反映企业对包括内部条件及其发展潜力在内的经营战略与计划的决策能力，以及企业上下各种生产经营活动的管理能力总和
总资产贡献率	反映企业全部资产的获利能力，是企业经营业绩和管理水平的集中体现，是评价和考核企业盈利能力的核心指标
资本保值增值率	反映企业资本的运营效益与安全状况
全员劳动生产率	反映企业生产技术水平、经营管理水平、职工技术熟练程度和劳动积极性
产品销售率	反映工业产品已实现销售的程度，分析工业产销衔接情况，研究工业产品满足社会需求程度的指标
成本费用利润率	反映经营耗费所带来的经营成果。该项指标越高，利润就越大，反映企业的经济效益越好
总资产周转率	衡量资产投资规模与销售水平之间配比情况的指标。周转率越大，说明总资产周转越快，反映出销售能力越强
资产负债率	衡量企业利用债权人提供资金进行经营活动的能力，以及反映债权人发放贷款的安全程度

5.3.3　供应链健壮指数

供应链健壮指数如图 5-34 所示。

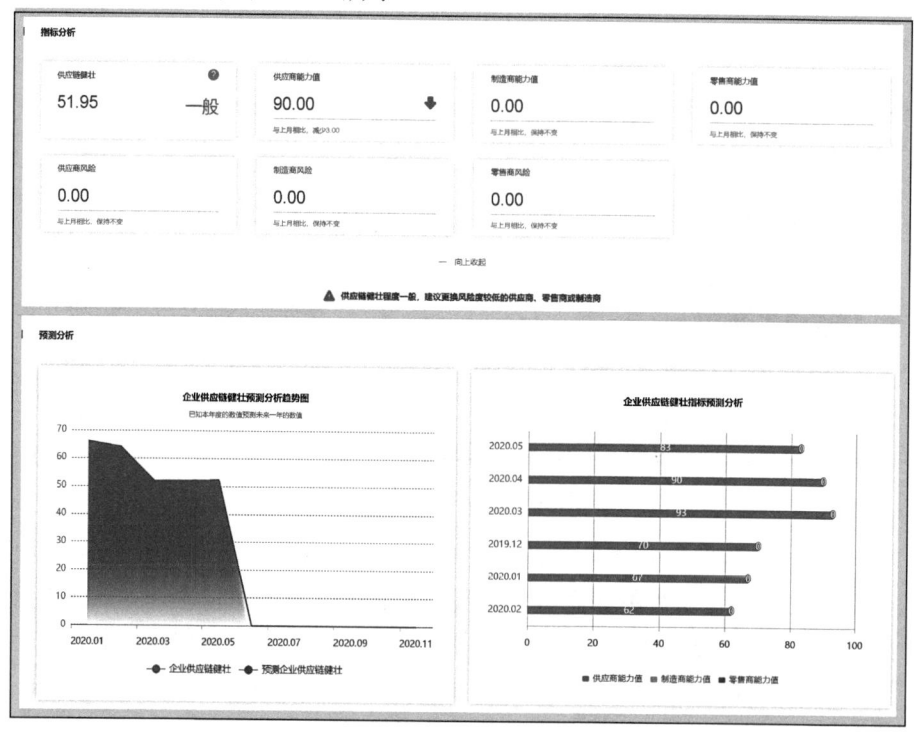

图 5-34　供应链健壮指数

(1) 显示的指标：供应链健壮、供应商能力值、制造商能力值、零售商能力值、供应商风险，如表 5-8 所示。

(2) 企业供应链健壮预测分析趋势图：可查看企业供应链健壮和预测企业供应链健壮。

(3) 企业供应链健壮预测分析：可查看总供应商能力值、制造商能力值、零售商能力值。

表 5-8 供应链健壮指标说明

指标	指标影响
供应链健壮	反映供应链在不确定因素下仍能提供有效产品或服务的可能性，指数越大供应链受影响程度越小
供应商能力值	反映供应商争取获得较好价格的能力
制造商能力值	反映制造商产品或服务提供能力，以及应对市场变化能力，数值越大说明产品或服务提供越稳定
零售商能力值	反映零售商销售能力以及商品市场价格定位
供应商风险	反映由于其供货不确定引起下游企业无法正常运作或日常运作受到影响，指数越大说明使整个供应链受损的可能性越大

5.3.4 合同践约评估

合同践约评估如图 5-35 所示。

图 5-35 合同践约评估

(1) 显示的指标：合同额度、合同完成度、资产总计，如表 5-9 所示。
(2) 企业合同践约预测分析趋势图：可查看合同践约和预测合同践约。
(3) 企业合同践约预测分析：可查看合同额度、合同完成度。

表 5-9 合同践约评估指标说明

指标	指标影响
合同额度	反映企业对外承包劳务企业开展对外承包工程、对外劳务合作和对外设计咨询业务与外商签约的合同所定金额
合同完成度	反映企业合同履行效率
资产总计	反映企业拥有或控制的能以货币计量的经济资源，包括各种财产、债权和其他权利

5.3.5 涉税信用评估

涉税信用评估如图 5-36 所示。

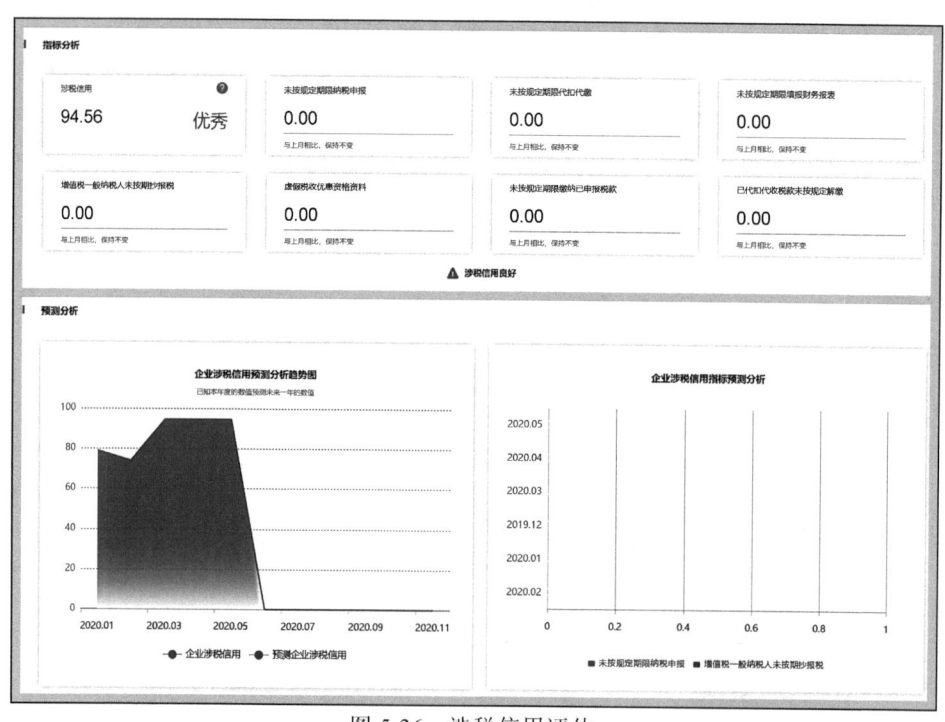

图 5-36 涉税信用评估

(1) 显示的指标：未按规定期限纳税申报、未按规定期限代扣代缴、未按规定期限填报财务报表、增值税一般纳税人未按期抄报税、虚假税收优惠资格资料、未按规定期限缴纳已申报税款、已代扣代收税款未按规定解缴、日常管理中被税务机关依职权核定计算税款，如表 5-10 所示。

(2) 企业涉税信用预测分析趋势图：可查看企业涉税信用和预测企业涉税信用。

(3) 企业涉税信用预测分析：可查未按规定期限纳税申报，增值税一般纳税人未按期抄报税。

表 5-10 涉税信用评估指标说明

指标	指标影响
未按规定期限纳税申报	反映企业未按规定期限内按照税法规定的期限和内容向税务机关提交有关纳税事项书面报告的法律行为
未按规定期限代扣代缴	扣缴义务人未按照规定设置、保管代扣代缴、代收代缴税款账簿或者保管代扣代缴、代收代缴税款记账凭证及有关资料
未按规定期限填报财务报表	反映企业未按规定期限填报财务报表次数
增值税一般纳税人未按期抄报税	反映增值税一般纳税人未按期抄报税次数
虚假税收优惠资格资料	反映虚假税收优惠资格资料次数
未按规定期限缴纳已申报税款	反映企业未按规定期限缴纳已申报税款总额
已代扣代收税款未按规定解缴	反映企业已代扣代收税款未按规定解缴次数
日常管理中被税务机关依职权核定计算税款	反映企业日常管理中被税务机关依职权核定计算税款总额

5.3.6 风险态势评估

风险态势评估如图 5-37 所示。

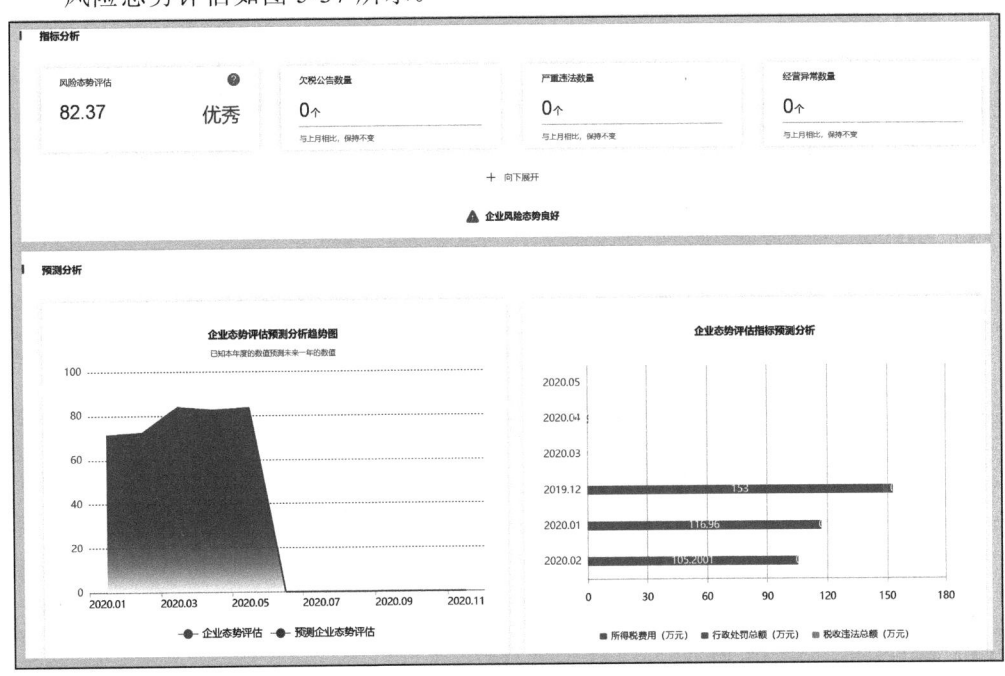

图 5-37 风险态势评估

(1) 显示的指标：欠税公告数量、严重违法数量、经营异常数量、简易注销数量、清算信息总额、司法拍卖总额、公开公示催告数量、税收违法总额、股权出资总额、动产抵押总额、行政处罚总额、土地抵押总额、欠税总额、环保处罚总额、资产总计、所得税费用，如表 5-11 所示。

(2) 企业态势评估预测分析趋势图：可查看企业态势评估和预测企业态势评估。

(3) 企业态势评估预测分析：可查看所得税费用、行政处罚总额、税收违法总额。

表 5-11　风险态势评估指标说明

指标	指标影响
欠税公告数量	反映督促企业自觉缴纳超过税收法律、行政法规规定的期限或者纳税人超过税务机关依照税收法律、行政法规规定确定的纳税期限未缴纳的税款
严重违法数量	反映企业违反国家现行法律规定，危害法律所保护的社会关系的行为
经营异常数量	反映企业不按时进行年报以及年报填报不实将影响诚信记录
简易注销数量	反映企业信用信息公示平台上对其未开业或者无债权债务的情况予以公示并完成注销
清算信息总额	反映公司出现法定解散事由或者公司章程所规定的解散事由以后，依法清理公司的债权债务
司法拍卖总额	反映企业在民事案件强制执行程序中，按程序自行进行或委托拍卖公司公开处理债务人的财产，以清偿债权人债权
公开公示催告数量	公示催告程序是指可以背书转让的票据持有人，因票据被盗、遗失或者灭失，可以向票据支付地的基层人民法院申请公示催告。反映债权人或其代理人请求债务人履行债务数量
税收违法总额	指税收法律关系主体在税收征收管理过程中违反国家税法的行为而造成的财产总和
股权出资总额	股权出资是指股东或者发起人以其持有的其他公司的股权出资，投资于新设立的或者已存续的目标公司的行为
动产抵押总额	反映了企业以其交换价值作为融资担保的需求，活跃金融、促进经济发展以及实现物尽其用、货畅其流
行政处罚总额	反映了企业实施了违反行政法律规范行为
土地抵押总额	反映了企业以其合法取得的土地使用权以不转移占有的方式作为抵押财产向债权人（抵押权人）履行债务做出的担保行为
欠税总额	反映企业超过征收法律法规规定或税务机关依照税收法律、法规规定的纳税期限，未缴或少缴税款的行为
环保处罚总额	反映企业生产对环境造成一定污染并被行政制裁
资产总计	反映企业拥有或控制的能以货币计量的经济资源，包括各种财产、债权和其他权利
所得税费用	反映企业经营利润应交纳的所得税

5.3.7　企业经营特质

企业经营特质如图 5-38 所示。

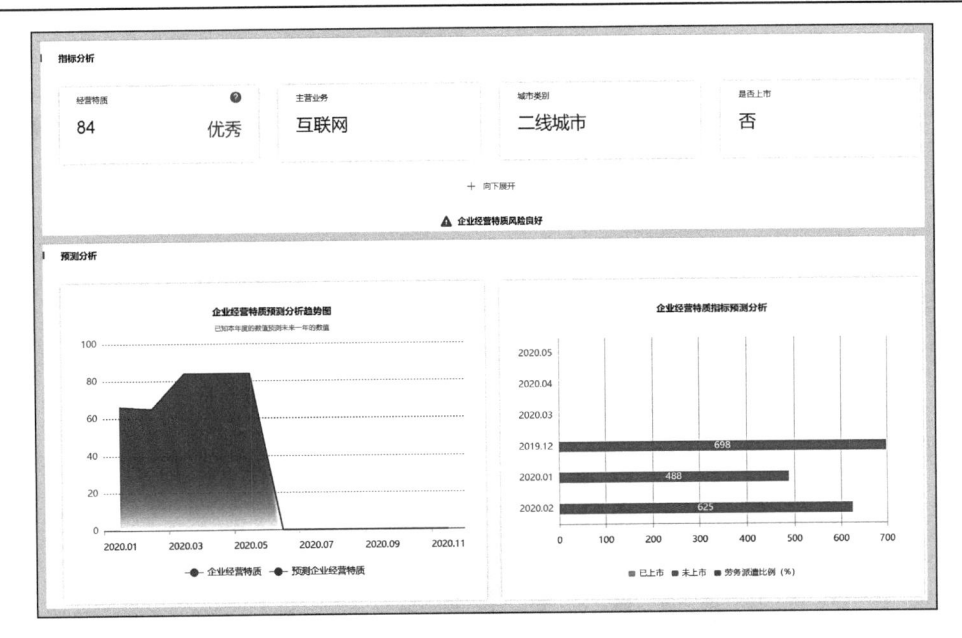

图 5-38　企业经营特质

(1) 显示的指标：职工人数、劳动派遣比例，如表 5-12 所示。
(2) 企业经营特质预测分析趋势图：可查看企业经营特质和预测企业经营特质。
(3) 企业经营特质预测分析：可查看上市情况、劳务派遣比例。

表 5-12　企业经营特质指标说明

指标	指标影响
职工人数	反映报告期末职工人数的总规模
劳动派遣比例	反映使用的被派遣劳动者数量占其用工总量

5.3.8　分指标详情页

企业风控指数分指标包括：企业经营能力、供应链健壮、合同践约评估、涉税信用评估、企业征信评估、风险态势评估、企业经营特质。分指标详情页展示内容如下。

(1) 指标分析：显示分指标当前月数值及用来衡量分指标的基础数据数值。
(2) 预测分析：指数和分指标的基础数据项，根据历史数据进行预测，预测时间为未来 1～5 年(数据量足够)。指数预测以时间轴线图形式显示近半年的历史数据和未来半年的预测数据。分指标的基础数据项预测以正负条形图形式显示近半年的历史数据和未来半年的预测数据。
(3) 排名分析：以柱状图形式显示同行业和不同行业基础数据排名。
(4) 其他：计算分指标同比、环比，在基础数据上进行月对比，定性定量地给出总结性描述。

企业风险管控分指标详情页如图 5-39 所示。

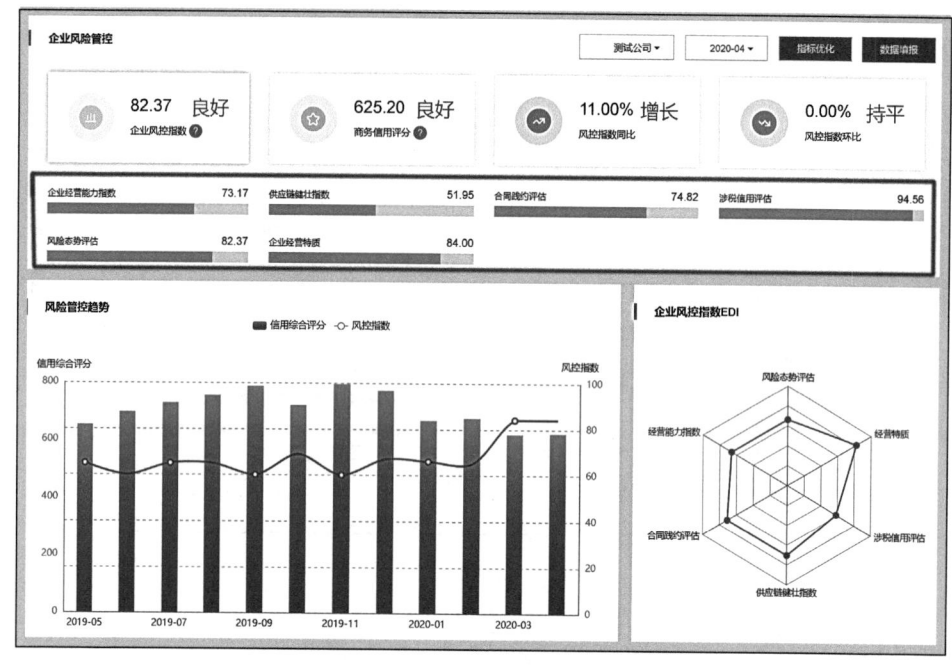

图 5-39　企业风险管控分指标详情页

(5) 指标优化按钮：单击跳转至"财务体系评价页"。

(6) 指数说明按钮：单击弹出指数简介说明。

企业风险管控数据填报功能展示功能，如图 5-40 所示。

(1) 数据填报：展示历史填报数据。

(2) 导入功能：首先下载模板，然后对模板数据进行修改，最后将模板导入系统即可，如图 5-41 所示。

(3) 导出功能：单击"导出"按钮，将导出该企业风险管控的原始数据。

图 5-40　企业风险管控数据填报页

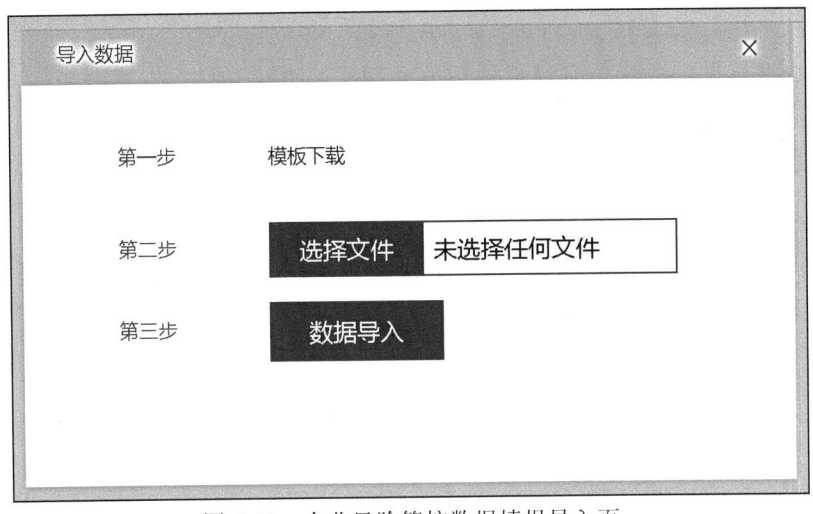

图 5-41　企业风险管控数据填报导入页

5.4　企业科技创新模块使用方法

企业科技创新体现一个企业总体科研能力。一个企业是否把握世界上前沿的新技术、新科技和新成果，是企业能否立于企业发展不败之地的必要条件和基本要素，也是衡量一个企业能否抢占市场先机、处于行业领先地位的核心要素。一个企业科技创新能力的大小，从一定意义上体现了企业的综合活力和现代化水平。

5.4.1　应用首页

企业科技创新模块首页（图 5-42）展示内容如下所示。

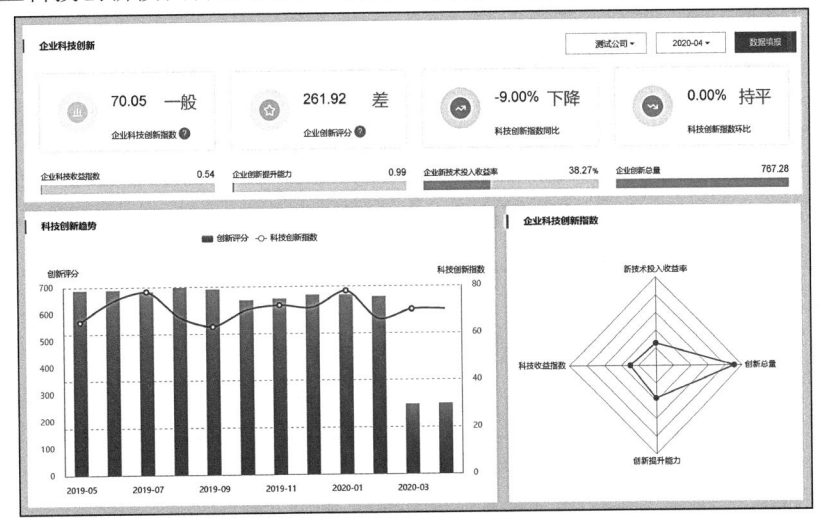

图 5-42　企业科技创新模块首页

(1) 评价指标：包括企业科技创新指数和企业创新评分。

(2) 数据指标：指数当前月数据数值和同比与环比数值，指数分指标当前月数据数值。

(3) 图表展示：评价指标采用柱状图和折线图形式展示本年度的历史数据，企业科技创新指数采用雷达图展示分指标数值。

(4) 总结性描述：定性定量给定企业经营发展的状态。

5.4.2 企业科技收益指数

企业科技收益指数如图 5-43 所示。

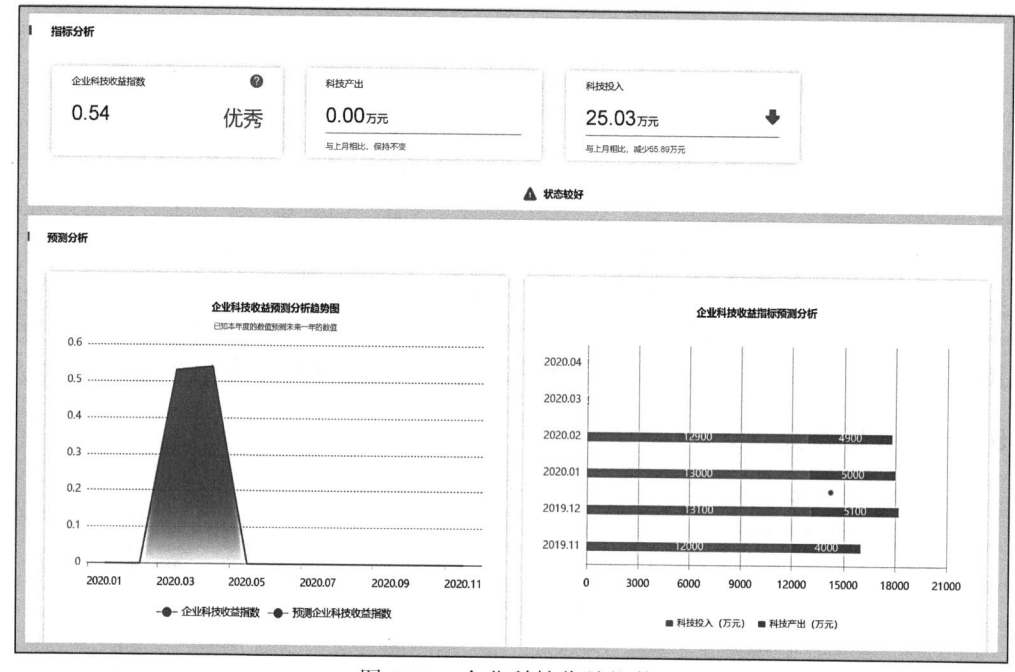

图 5-43 企业科技收益指数

(1) 显示的指标：企业科技收益指数、科技产出、科技投入，如表 5-13 所示。

(2) 企业科技收益预测分析趋势图：可查看企业科技收益指数和预测企业科技收益指数。

(3) 企业科技收益指标预测分析：可查看科技投入、产出。

表 5-13 企业科技收益指标说明

指标	指标影响
企业科技收益指数	企业科技收益指数越高，表示企业在一定时期内的科技收益越高，反之越小

第 5 章 企业大脑应用环境

续表

指标	指标影响
科技产出	指通过科技活动所产生的各种形式的成果,反映了区域科技实力,包括直接产出与间接产出,数值越大企业在科技产出上成果越高,反之越小
科技投入	科技投入是一种概念,是指支持开展科技活动的投入,也是生产性的投入,指数值越高表示投入越大,反之越小

5.4.3 企业创新提升能力

企业创新提升能力如图 5-44 所示。

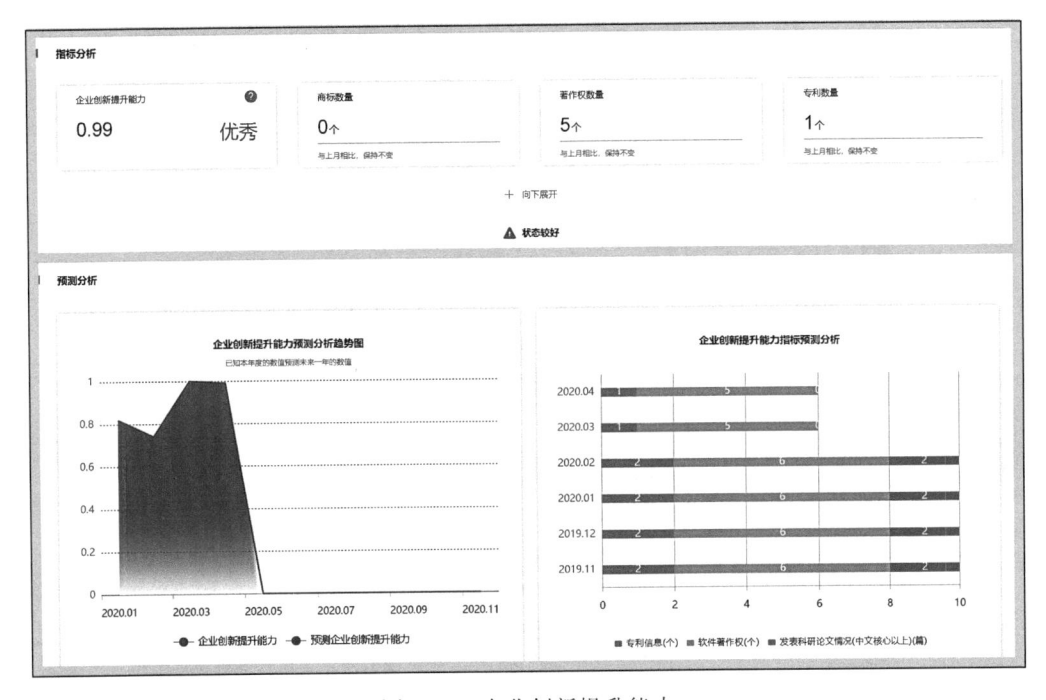

图 5-44 企业创新提升能力

(1)显示的指标:企业创新提升能力、企业新技术投入收益率、商标数量、著作权数量、专利数量、论文数量、证书数量、项目数量、实验室研究成果、人员数量,如表 5-14 所示。

(2)企业创新能力预测分析趋势图:可查看企业创新能力和预测企业创新能力。

(3)企业经营能力指标预测分析:可查看专利信息、软件著作权、发表科研论文情况。

表 5-14　企业创新提升能力指标说明

指标	指标影响
企业创新提升能力	企业创新能力就是企业在多大程度上能够系统地完成与创新有关的各项活动能力，包括技术上、产品、管理等，指数越高说明企业创新能力越高，反之越小
企业新技术投入收益率	企业新技术投入收益率指企业在新技术上投入与收益比
商标数量	商标是用来区别一个经营者的品牌或服务和其他经营者的商品或服务的标记，数量越多表示该企业在一段时间内的商品创新越多，反之越少
著作权数量	著作权又称为版权，分为著作人格权与著作财产权，其中著作人格权的内涵包括了公开发表权、姓名表示权及禁止他人以扭曲、变更方式利用著作损害著作人名誉的权利。数量越多表示企业创新的著作越多，反之越少
专利数量	专利是发明创造人或其权利受让人对特定的发明创造在一定期限内依法享有的独占实施的权利，是知识产权的一种，专利数越多表示企业发明创造的专利越多，反之越少
论文数量	讨论或研究某种问题的文章或学术的成果，论文数量越多说明企业科学研究和描述科研成果越大，反之越小
证书数量	证书是由机关、学校、团体等发的证明资格或权利的文件，证书数量越多说明该企业在某一领域获得的荣誉或成果越大，反之越小
项目数量	项目是人们通过努力，运用新的方法，将人力的、材料的和财务的资源组织起来，在给定的费用和时间约束规范内，完成一项独立的、一次性的工作任务，以期达到由数量和质量指标所限定的目标，项目数量越多，表示该企业完成的工程越多，企业的实力越强大，反之越小
实验室研究成果	实验室研究是社会科学研究的一种方法。研究者创造一种人工环境，在控制条件下操纵自变量，从而观察因变量的表现对其他干扰因素的控制使得实验结果能够准确地检验自变量和因变量之间的因果关系，数值越高说明企业研究成果越显著，研究能力越强，反之越弱
人员数量	指担任某种职务或从事某种工作的人，人员数量越多说明企业规模越大，反之越小

5.4.4　企业新技术投入收益

企业新技术投入收益如图 5-45 所示。

（1）显示的指标：科技投入、企业新技术投入收益率、专利收益总和、著作权数量、专利数量、论文数量、证书数量、项目数量、实验室研究成果、人员数量，如表 5-15 所示。

（2）企业新技术投入收益预测分析趋势图：可查看企业新技术投入收益和预测企业新技术投入收益。

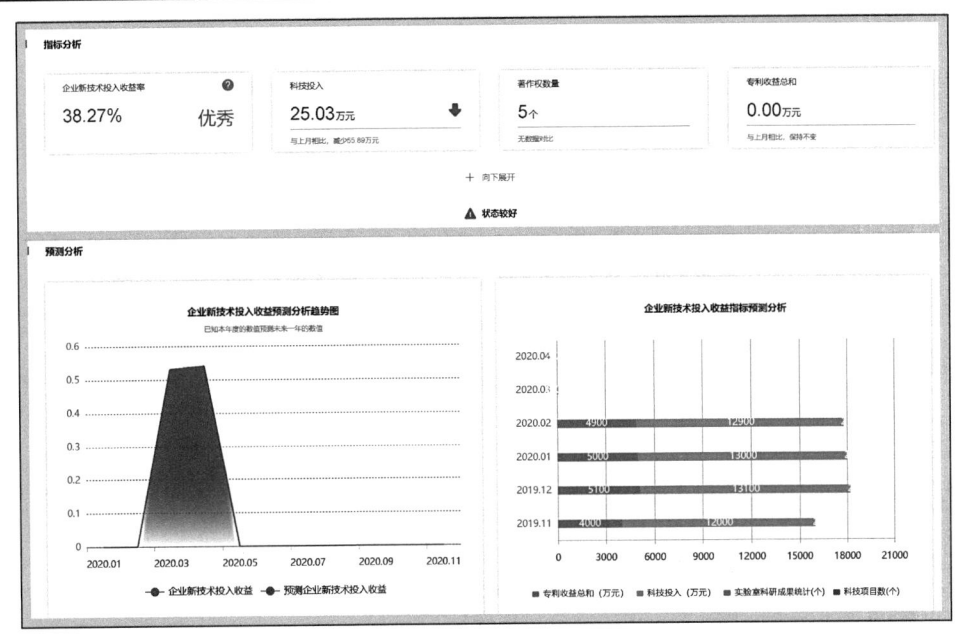

图 5-45 企业新技术投入收益

(3) 企业新技术投入收益指标预测分析：可查看专利收益总和、科技投入、科技项目数、实验室科研成果统计。

表 5-15 企业新技术投入收益指标说明

指标	指标影响
科技投入	指支持开展科技活动的投入，也是生产性的投入，指数值越高表示投入越大，反之越小
企业新技术投入收益率	指企业在新技术投入与收益比
专利收益总和	指企业所持有的专利，所获得的收益，指数越大收益越高，反之越低
著作权数量	著作权又称为版权，分为著作人格权与著作财产权，其中著作人格权的内涵包括了公开发表权、姓名表示权及禁止他人以扭曲、变更方式利用著作损害著作人名誉的权利。数量越多表示企业创新的著作越多，反之越少
专利数量	专利是发明创造人或其权利受让人对特定的发明创造在一定期限内依法享有的独占实施的权利，是知识产权的一种，专利数越多表示企业发明创造的专利越多，反之越少
论文数量	讨论或研究某种问题的文章或学术的成果，论文数量越多说明企业科学研究和描述科研成果越大，反之越小
证书数量	证书是由机关、学校、团体等发的证明资格或权利的文件，证书数量越多说明该企业在某一领域获得的荣誉或成果越大，反之越小
项目数量	项目是人们通过努力，运用新的方法，将人力的、材料的和财务的资源组织起来，在给定的费用和时间约束规范内，完成一项独立的、一次性的工作任务，以期达到由数量和质量指标所限定的目标，项目数量越多，表示该企业完成的工程越多，企业的实力越强大，反之越小

续表

指标	指标影响
实验室研究成果	实验室研究是社会科学研究的一种方法。研究者创造一种人工环境，在控制条件下操纵自变量，从而观察因变量的表现对其他干扰因素的控制使得实验结果能够准确地检验自变量和因变量之间的因果关系，数值越高说明企业研究成果越显著，研究能力越强，反之越弱
人员数量	指担任某种职务或从事某种工作的人，人员数量越多说明企业规模越大，反之越小

5.4.5 企业创新总量

企业创新总量如图 5-46 所示。

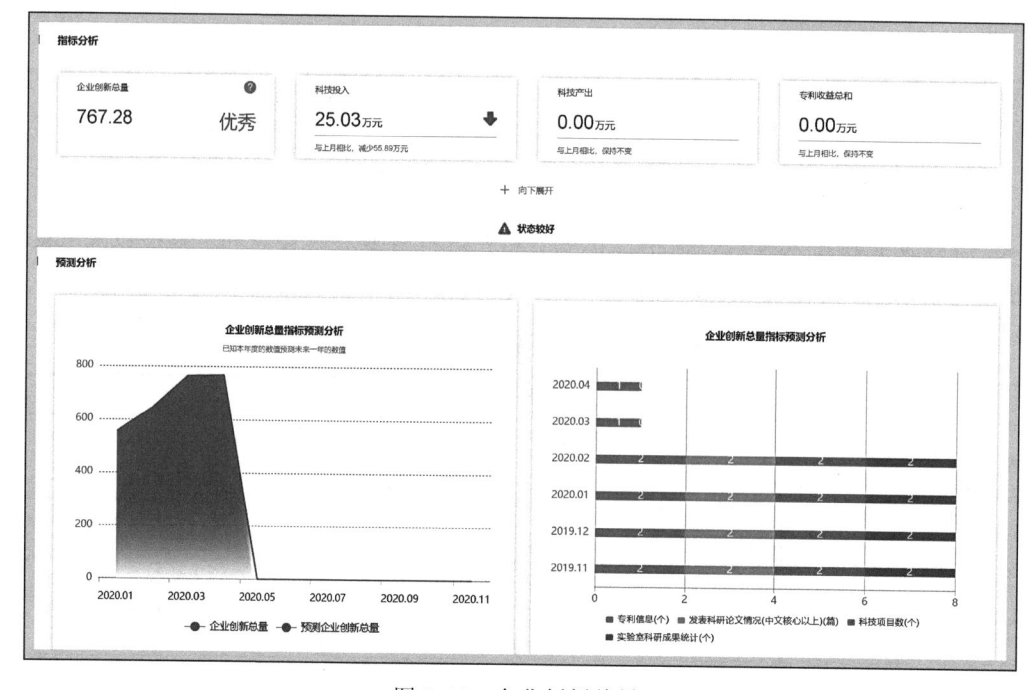

图 5-46 企业创新总量

(1) 显示的指标：科技产出、科技投入、专利收益总和、企业创新总量、著作权数量、专利数量、论文数量、证书数量、项目数量及实验室研究成果。指标说明如表 5-16 所示。

(2) 企业创新总量预测分析趋势图：可查看创新总量和预测企业创新总量。

(3) 企业创新总量指标预测分析：可查看专利信息、发表科研论文情况、科技项目数、实验室科研成果统计。

表 5-16 企业创新总量指标说明

指标	指标影响
科技产出	指通过科技活动所产生的各种形式的成果,反映了区域科技实力,包括直接产出与间接产出,数值越大企业在科技产出上成果越高,反之越低
科技投入	是指支持开展科技活动的投入,也是生产性的投入,指数值越高表示投入越大,反之越小
专利收益总和	指企业所持有的专利,所获得的收益,指数越大收益越高,反之越低
企业创新总量	企业创新总量是企业创新在一段时间内的总量,体现了企业在创新方面的综合总量,该企业创新总量值越大,代表企业的创新综合总量越大,反之越小
著作权数量	著作权又称为版权,分为著作人格权与著作财产权,其中著作人格权的内涵包括了公开发表权、姓名表示权及禁止他人以扭曲、变更方式利用著作损害著作人名誉的权利。数量越多表示企业创新的著作越多,反之越少
专利数量	专利是发明创造人或其权利受让人对特定的发明创造在一定期限内依法享有的独占实施的权利,是知识产权的一种,专利数越多表示企业发明创造的专利越多,反之越少
论文数量	讨论或研究某种问题的文章,学术的成果,论文数量越多说明企业科学研究和描述科研成果越大,反之越小
证书数量	证书是由机关、学校、团体等发的证明资格或权利的文件,证书数量越多说明该企业在某一领域获得的荣誉或成果越大,反之越小
项目数量	项目是人们通过努力,运用新的方法,将人力的、材料的和财务的资源组织起来,在给定的费用和时间约束规范内,完成一项独立的、一次性的工作任务,以期达到由数量和质量指标所限定的目标,项目数量越多,表示该企业完成的工程越多,企业的实力越强大,反之越小
实验室研究成果	实验室研究是社会科学研究的一种方法。研究者创造一种人工环境,在控制条件下操纵自变量,从而观察因变量的表现对其他干扰因素的控制使得实验结果能够准确地检验自变量和因变量之间的因果关系,数值越高说明企业研究成果越显著,研究能力越强,反之越弱

5.4.6 分指标详情页

企业科技创新指数分指标包括:企业科技收益指数、企业创新提升能力、企业新技术投入收益、企业创新总量。分指标详情页展示内容如下。

(1)指标分析:显示分指标当前月数值及用来衡量分指标的基础数据数值。

(2)预测分析:指数和分指标的基础数据项,根据历史数据进行预测,预测时间为未来1~5年(数据量足够)。指数预测以时间轴线图形式显示近半年的历史数据和未来半年的预测数据。分指标的基础数据项预测以正负条形图形式显示近半年的历史数据和未来半年的预测数据。

(3)排名分析:以柱状图形式显示同行业和不同行业基础数据排名。

(4)其他:计算分指标同比、环比,在基础数据上进行月对比,定性定量地给出总结性描述。

企业科技创新指数分指标详情页如图 5-47 所示。

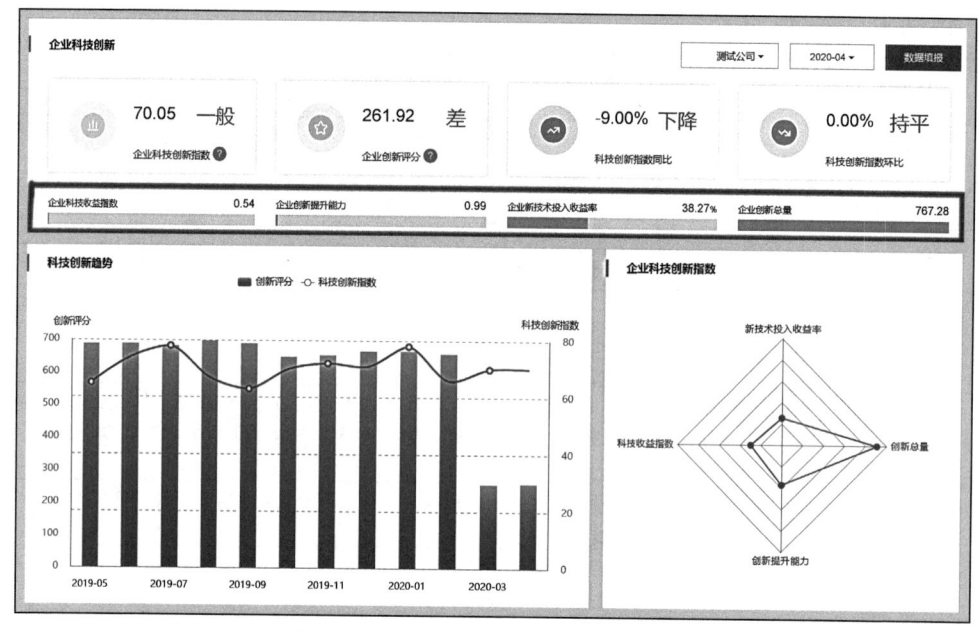

图 5-47 企业科技创新指数分指标详情页

(5)指标优化按钮：单击跳转至"财务体系评价页"。

(6)指数说明按钮：单击弹出指数简介说明。

企业科技创新指数数据填报功能展示功能，如图 5-48 所示。

(1)数据填报：展示历史填报数据。

(2)导入功能：首先下载模板，然后对模板数据进行修改，最后将模板导入系统即可，如图 5-49 所示。

(3)导出功能：单击"导出"按钮，将导出该企业科技创新的原始数据。

图 5-48 企业科技创新指数数据填报展示

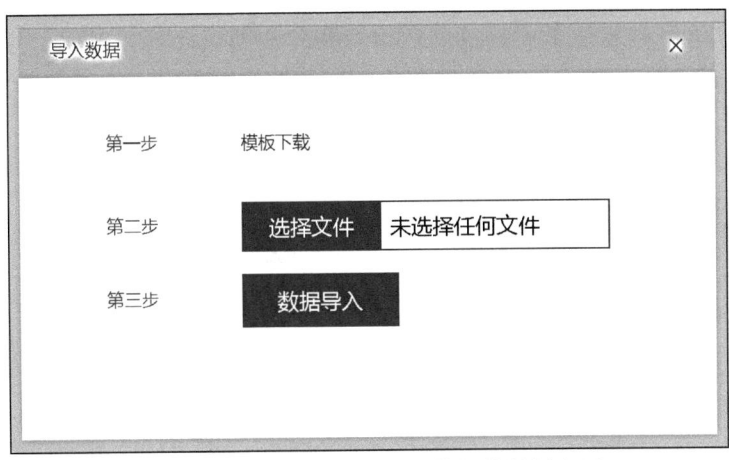

图 5-49　企业科技创新指数数据填报导入页

5.5　企业健康经营模块使用方法

企业健康经营模块是从企业管理者角度，展示管理者日常关注的企业经营状况，反映企业经营健康程度。包括企业的资产统计、收入、成本的统计和分项追溯，以及合同执行签订及执行情况汇总分析、人员结构的统计分析。

5.5.1　应用首页

企业健康经营模块首页（图 5-50）展示内容如下。

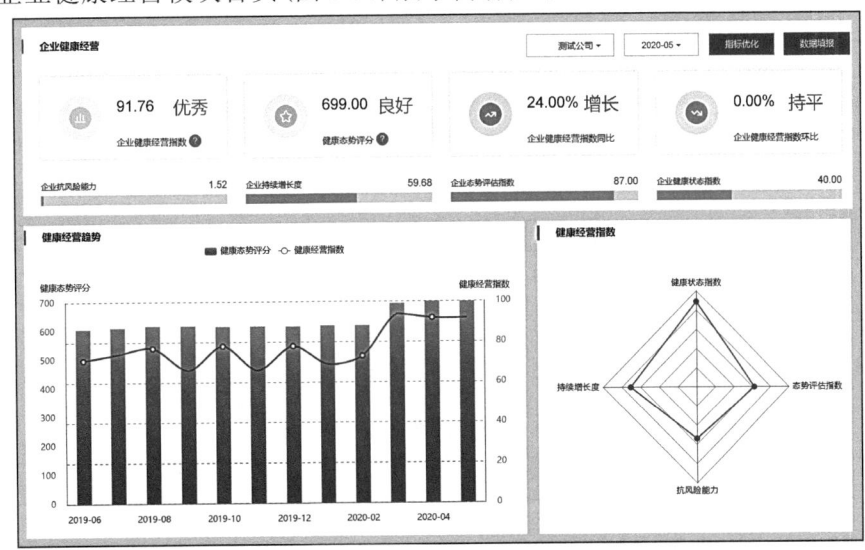

图 5-50　企业健康经营模块首页

(1) 评价指标：包括企业科技创新指数和企业创新评分。

(2) 数据指标：指数当前月数据数值和同比与环比数值，指数分指标当前月数据数值。

(3) 图表展示：评价指标采用柱状图和折线图形式展示本年度的历史数据，企业经营健康指数采用雷达图展示分指标数值。

(4) 总结性描述：定性定量地给定企业经营发展的状态。

5.5.2 企业抗风险能力

企业抗风险能力如图 5-51 所示。

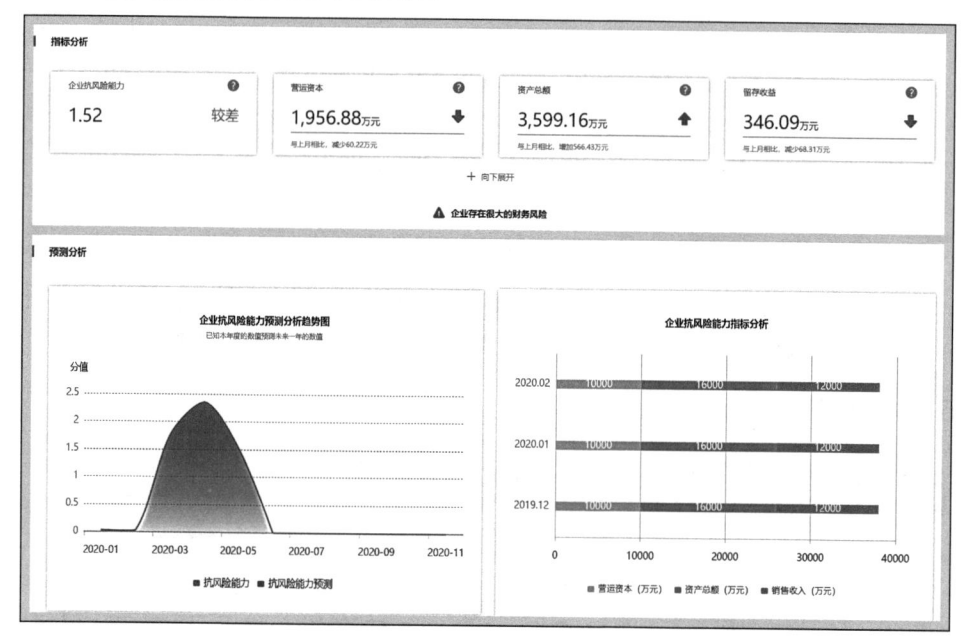

图 5-51 企业抗风险能力

(1) 显示的指标：企业抗风险能力、营运成本、资产总额、留存收益、息税前收益。部分指标说明如表 5-17 所示。

(2) 企业抗风险能力预测分析趋势图：可查看抗风险能力和抗风险能力预测。

(3) 企业抗风险能力指标预测分析：可查看营运资本、资产总额、销售收入。

表 5-17 企业抗风险能力指标说明

指标	指标影响
企业抗风险能力	在市场衰退业务不振时，公司应尽量压缩开发费用、广告费用、市场营销费、职工培训费等酌量性固定成本的开支，以减少固定成本的比重，降低经营杠杆系数，降低经营风险，提高抗风险能力

续表

指标	指标影响
营运成本	营运资金金额越大,代表该企业对于支付义务的准备越充足,短期偿债能力越好。当营运资金出现负数,即流动资产小于流动负债时,该企业的营运可能随时因周转不灵而中断
资产总额	资产总额逐年下降,说明该企业的资产在下降,资产负债表中表示资产的部分现金、银行、库存、应收账款、固定资产等可能都在逐年下降
留存收益	留存收益增加说明该企业以自身获利经营活动产生了资本积累
息税前收益	企业在未扣除利息、所得税之前的利润,增加说明营业利润增加

5.5.3 企业持续增长度

企业持续增长度如图 5-52 所示。

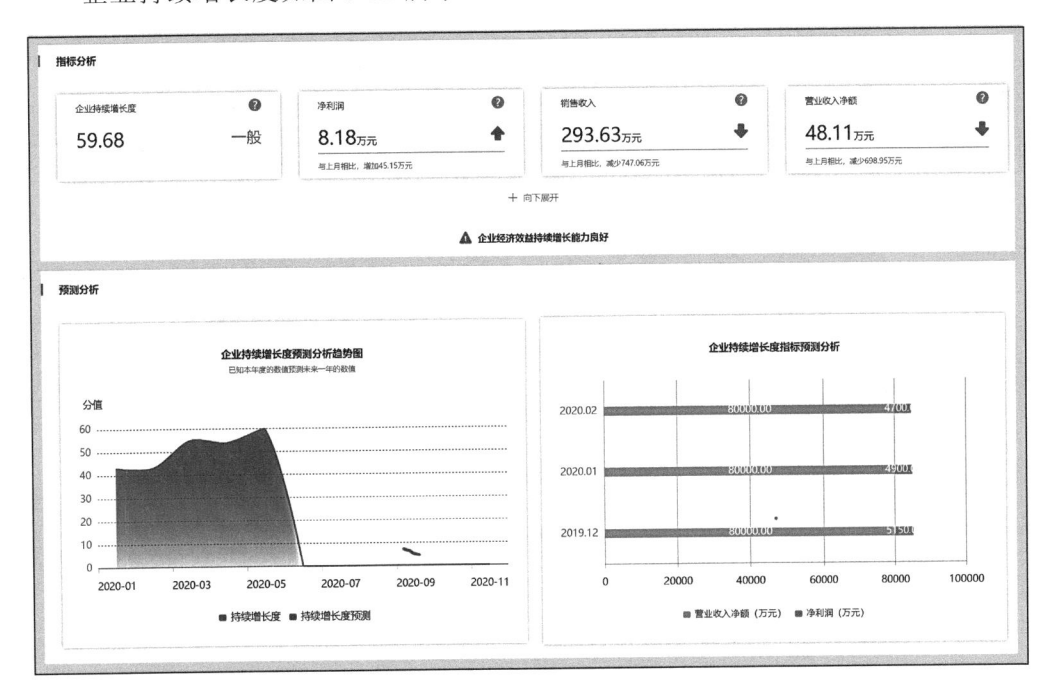

图 5-52 企业持续增长度

(1) 显示的指标:企业持续增长量、净利润、销售收入、营业收入净额、税后利润、资产总额年初数、资产总额年末数、应发股利、资产总额、股东权益总额。部分指标说明如表 5-18 所示。

(2) 企业持续增长度预测分析趋势图:可查看持续增长度和持续增长度预测。

(3) 企业持续增长度指标预测分析:可查看营业收入净额、净利润。

表 5-18　企业持续增长度指标说明

指标	指标影响
净利润	净利润多，企业的经营效益就好；净利润少，企业的经营效益就差
税后利润	企业经营得好，经济效益越高，税后利润就越多
应发股利	应付股利增加说明企业要分红了，但是钱还没分出去
股东权益总额	当资产总额小于负债总额，公司就陷入了资不抵债的境地，这时，公司的股东权益便消失殆尽；相反，股东权益金额越大，这家公司的实力就越雄厚

5.5.4　企业态势评估指数

企业态势评估指数如图 5-53 所示。

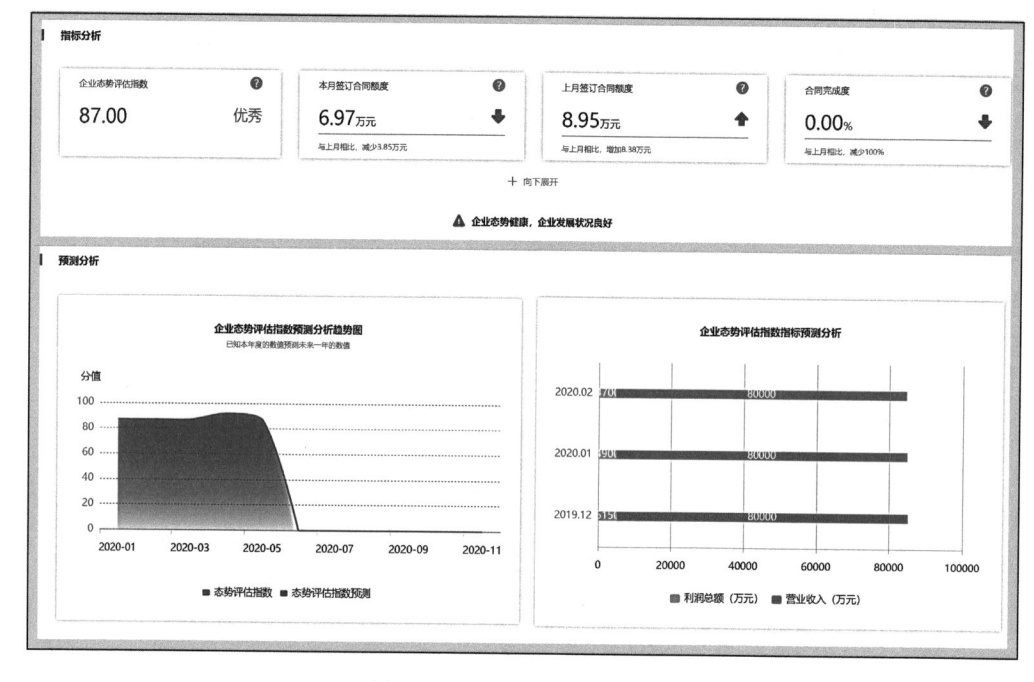

图 5-53　企业态势评估指数

（1）显示的指标：企业态势评估指数、本月签订合同额度、上月签订合同额度、合同完成度、企业团建绩效、年轻员工占比、硕博人员占比、离职率、利润总额、营业收入。部分指标说明如表 5-19 所示。

（2）企业态势评估指数预测分析趋势图：可查看态势评估指数和态势评估指数预测。

（3）企业态势评估指数指标预测分析：可查看专利信息、发表科研论文情况、科技项目数、实验室科研成果统计。

表 5-19 企业态势评估指数指标说明

指标	指标影响
离职率	离职率增加，一般表明企业的员工情绪较为波动、劳资关系存在较严重的矛盾，企业的凝聚力下降，可导致人力资源成本增加（含直接成本和间接成本）、组织的效率下降。但并不是说员工的离职率越低越好，在市场竞争中，保持一定的员工流动，可以使企业利用优胜劣汰的人才竞争制度，保持企业的活力和创新意识
利润总额	利润总额的增加说明公司效益变好，反之效率越差

5.5.5 企业健康状态指数

企业健康状态指数如图 5-54 所示。

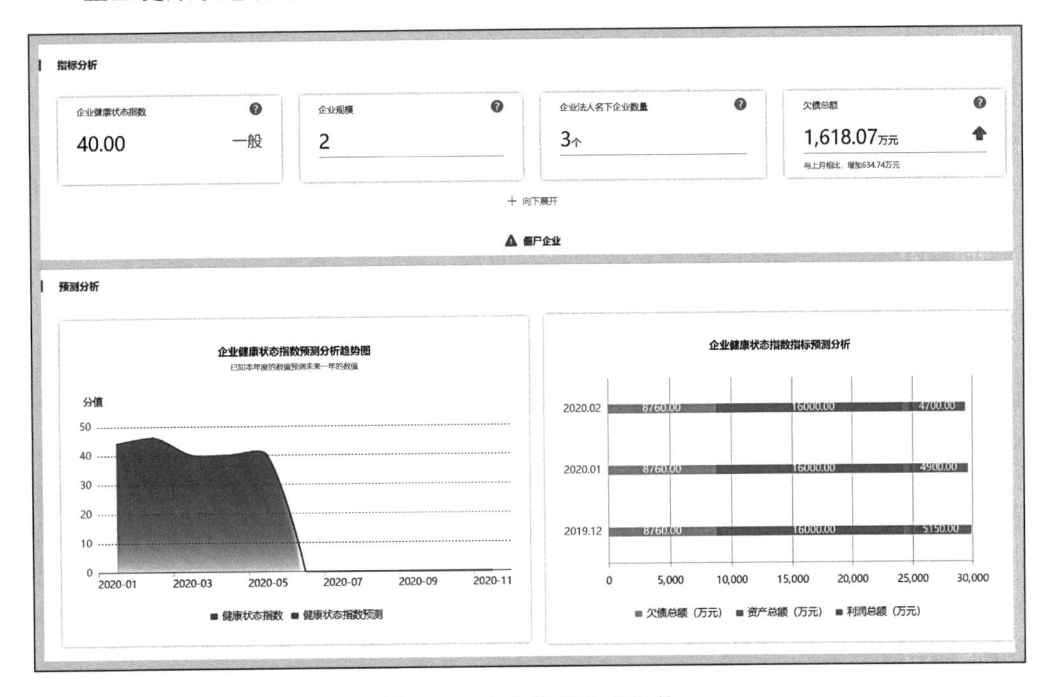

图 5-54 企业健康状态指数

（1）显示的指标：企业健康状态指数、企业规模、企业法人名下企业数量、欠债总额、资产总额、证书数量采购合同额、利润总额、销售合同额。部分指标说明如表 5-20 所示。

（2）企业健康状态指数预测分析趋势图：可查看健康状态指数和健康状态指数预测。

（3）企业健康状态指数指标预测分析：可查看欠债总额、资产总额、利润总额。

表 5-20　企业健康状态指数指标说明

指标	指标影响
企业规模	企业规模越大，僵尸企业概率越高

5.5.6　分指标详情页

企业健康经营指数分指标包括：企业抗风险能力、企业持续增长度、企业态势评估指数、企业健康状态指数。分指标详情页展示内容如下。

(1)指标分析：显示分指标当前月数值及用来衡量分指标的基础数据数值。

(2)预测分析：指数和分指标的基础数据项，根据历史数据进行预测，预测时间为未来 1～5 年(数据量足够)。指数预测以时间轴线图形式显示近半年的历史数据和未来半年的预测数据。分指标的基础数据项预测以正负条形图形式显示近半年的历史数据和未来半年的预测数据。

(3)排名分析：以柱状图形式显示同行业和不同行业基础数据排名。

(4)其他：计算分指标同比、环比，在基础数据上进行月对比，定性定量地给出总结性描述。

企业经营健康指数分指标详情页如图 5-55 所示。

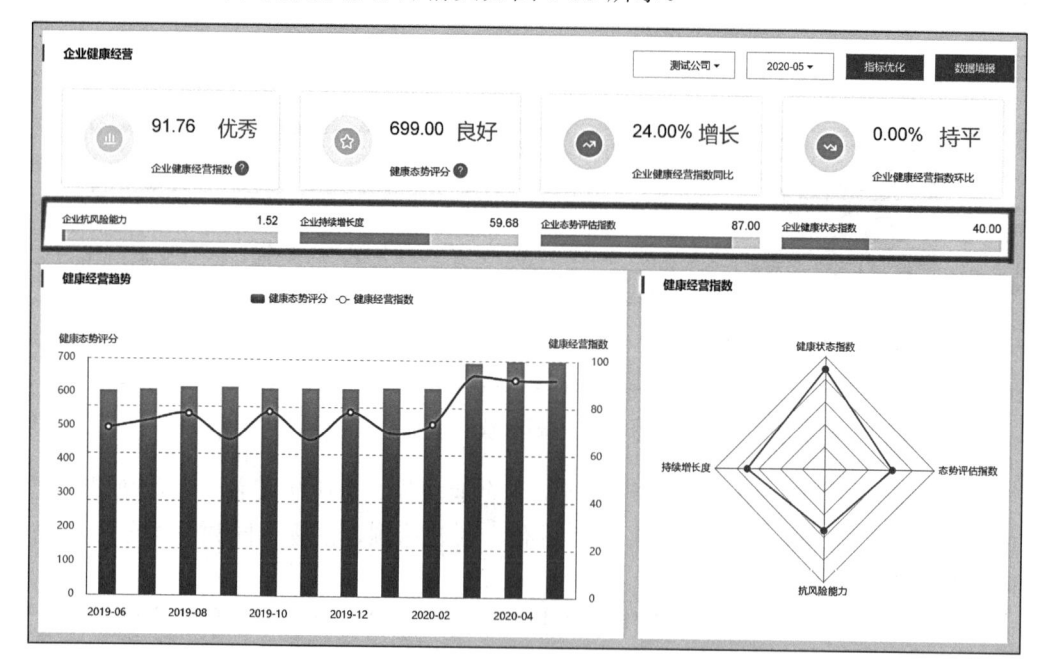

图 5-55　企业经营健康指数分指标详情页

(5)指标优化按钮：单击跳转至"财务体系评价页"。

(6)指数说明按钮：单击弹出指数简介说明。

企业经营健康指数数据填报功能展示功能，如图 5-56 所示。

(1)数据填报：展示历史填报数据。

(2)导入功能：首先下载模板，然后对模板数据进行修改，最后将模板导入系统即可，如图 5-57 所示。

(3)导出功能：单击"导出"按钮，将导出该企业健康经营的原始数据。

图 5-56　企业经营健康指数数据填报页

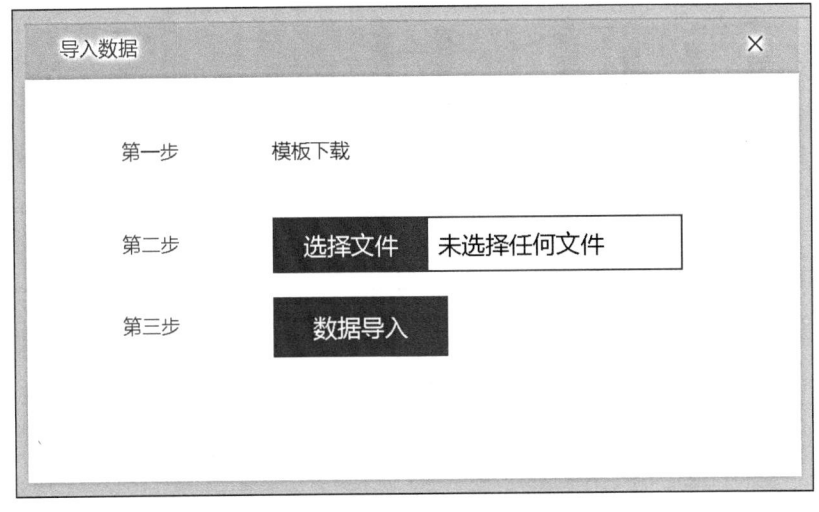

图 5-57　企业经营健康指数数据填报导入页

5.6　企业可持续发展使用方法

企业的可持续发展是一种衡量企业健康稳定的发展模型，是一个持续递增的加速度平稳增长和飞速上升的衡量指标。从某种程度上讲，无数企业的可持续发展能力的加权综合，构成了全社会经济的可持续发展能力的衡量指标，作为社会经济可持续发展的重要依据。企业可持续发展体现了企业为经济社会的贡献度，是衡量企业在全社会经济发展过程中发挥的影响力的指标。

5.6.1 应用首页

企业可持续发展首页（图 5-58）展示内容如下。

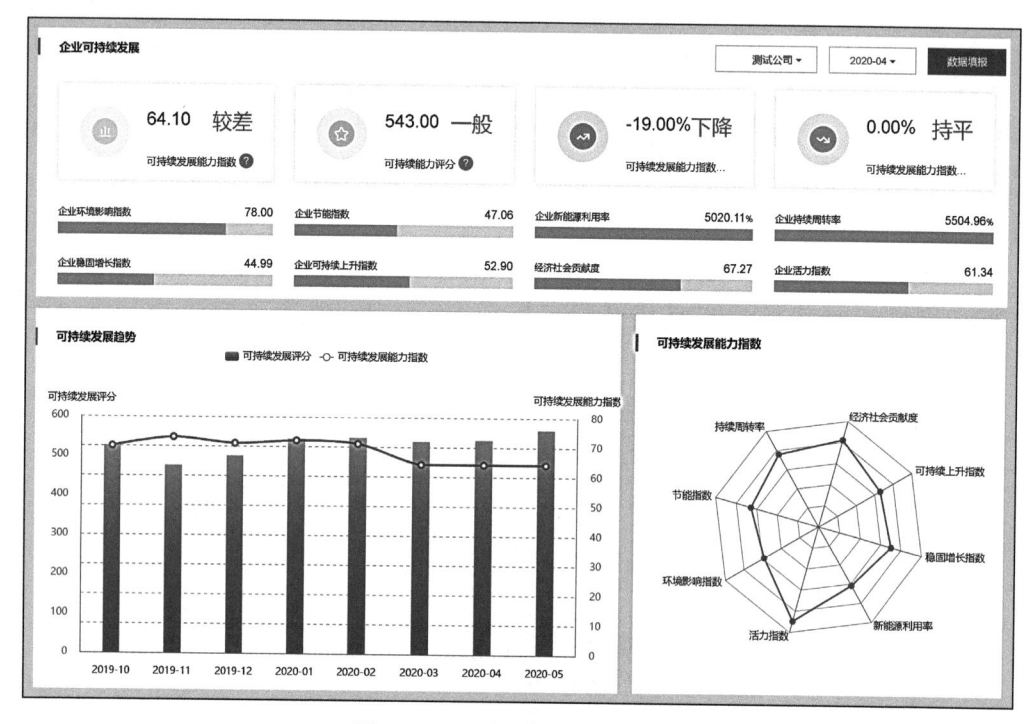

图 5-58　企业可持续发展首页

（1）评价指标：包括企业可持续发展能力指数和企业可持续能力评分。

（2）数据指标：指数当前月数据数值和同比与环比数值，指数分指标当前月数据数值。

（3）图表展示：评价指标采用柱状图和折线图形式展示本年度的历史数据，企业可持续发展能力指数采用雷达图展示分指标数值。

（4）总结性描述：定性定量地给定企业经营发展的状态。

5.6.2 企业环境影响指数

企业环境影响指数如图 5-59 所示。

第 5 章 企业大脑应用环境 · 151 ·

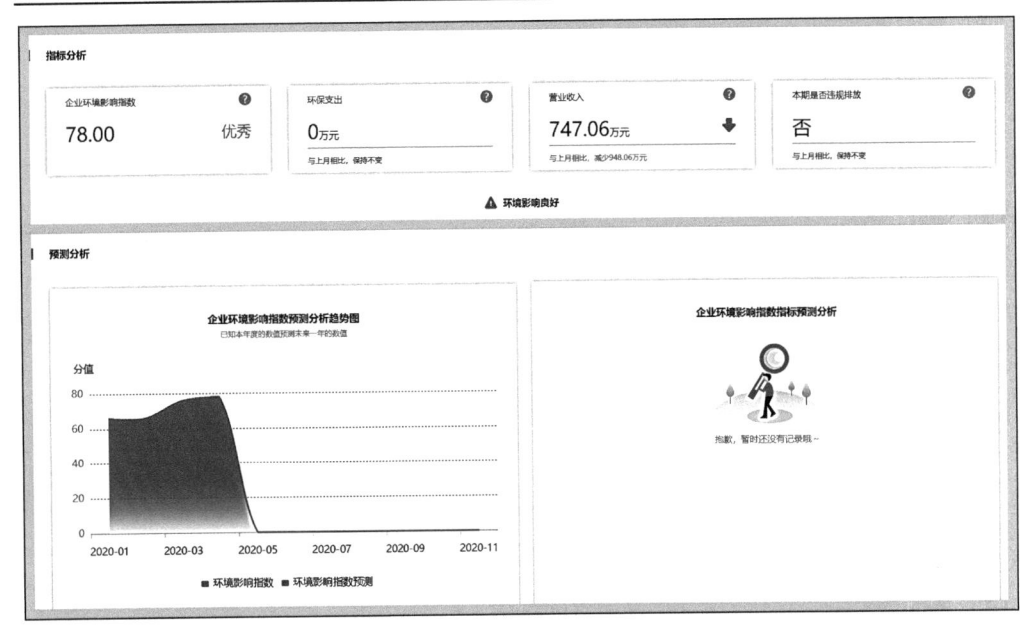

图 5-59 企业环境影响指数

(1) 显示的指标：企业环境影响指数、环保支出、营业收入、本月是否违规排放。部分指标说明如表 5-21 所示。

(2) 企业环境影响指数预测分析趋势图：可查看环境影响指数和环境影响指数预测。

(3) 企业环境影响指数指标预测分析：可查看环保支出、营业收入。

表 5-21 企业环境影响指数指标说明

指标	指标影响
企业环境影响指数	反映环保投资占当期营业收入总值的比例，是衡量企业环境保护与经济发展之间协调关系的主要指标之一

5.6.3 企业节能指数

企业节能指数如图 5-60 所示。

(1) 显示的指标：企业节能指数、单位产值能耗、上期单位产值能耗。企业节能指数指标说明如表 5-22 所示。

(2) 企业节能指数预测分析趋势图：可查看企业节能指数和企业节能指数预测。

(3) 企业节能指数指标预测分析：可查看单位产值能耗、本期单位产值能耗。

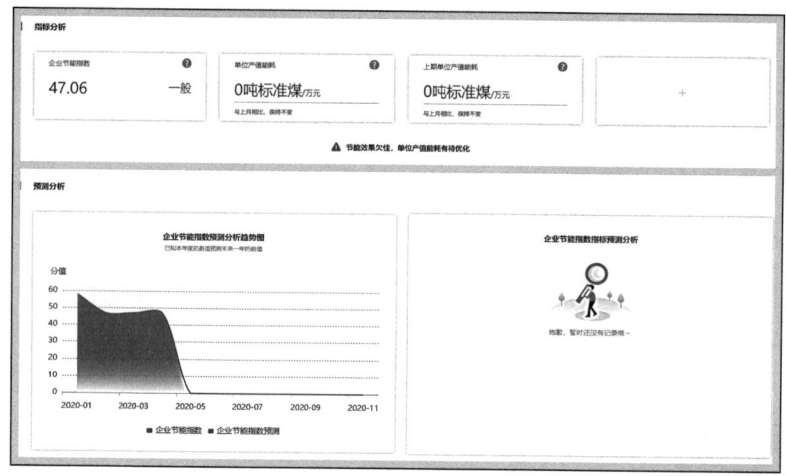

图 5-60　企业节能指数

表 5-22　企业节能指数指标说明

指标	指标影响
企业节能指数	节能指数由两部分构成，一部分为单位产值能耗的变化率，该指标越大表明企业较上期有越大的改进；另一部分为本期单位产值绝对能耗，该数据越大代表企业耗能严重，因此为负向指标
单位产值能耗	该数据越大代表企业耗能越严重
上期单位产值能耗	该数据越大代表企业上期耗能越严重

5.6.4　企业新能源利用率

企业新能源利用率如图 5-61 所示。

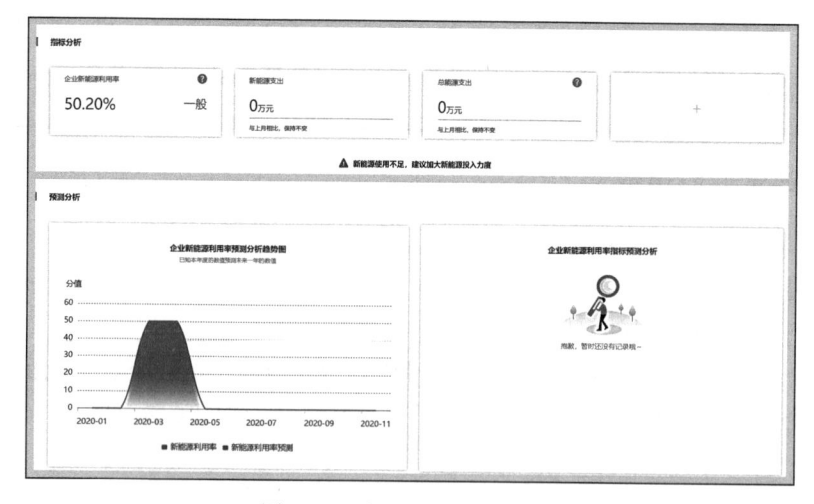

图 5-61　企业新能源利用率

(1) 显示的指标：企业新能源利用率、新能源支出、总能源支出。部分指标说明如表 5-23 所示。

(2) 企业新能源利用率预测分析趋势图：可查看新能源利用率和新能源利用率预测。

(3) 企业新能源利用率指标预测分析：可查看新能源支出、总能源支出。

表 5-23 企业新能源利用率指标说明

指标	指标影响
企业新能源利用率	企业新能源利用率是新能源支出与总能源支出的比值

5.6.5 企业持续周转率

企业持续周转率如图 5-62 所示。

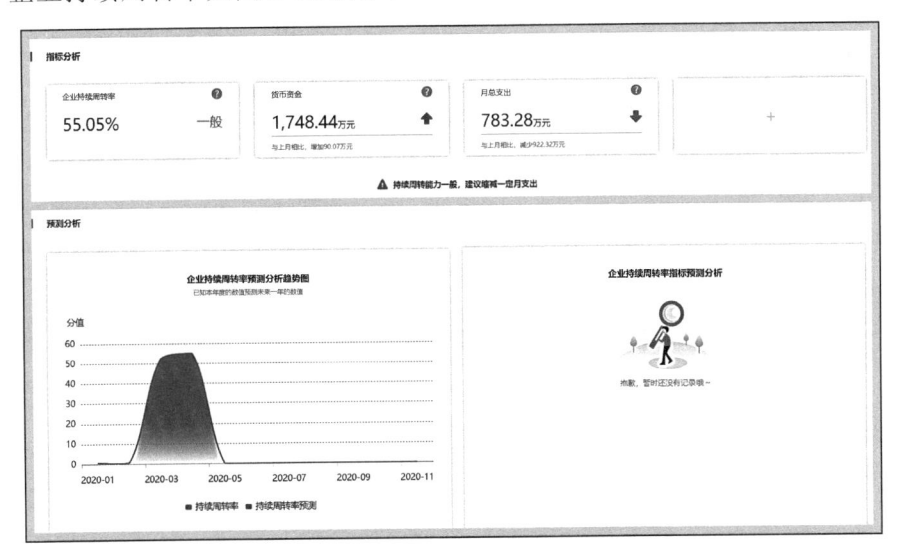

图 5-62 企业持续周转率

(1) 显示的指标：企业持续周转率、货币资金、月总支出。部分指标说明如表 5-24 所示。

(2) 企业持续周转率预测分析趋势图：可查看持续周转率和持续周转率预测。

(3) 企业持续周转率指数指标预测分析：可查看货币资金，月总支出。

表 5-24 企业持续周转率指标说明

指标	指标影响
企业持续周转率	代表企业在没有新项目基础上持续周转的最长时间，能够反映企业在遭遇资金断链等异常情况时的维持能力

5.6.6 企业稳固增长指数

企业稳固增长指数如图 5-63 所示。

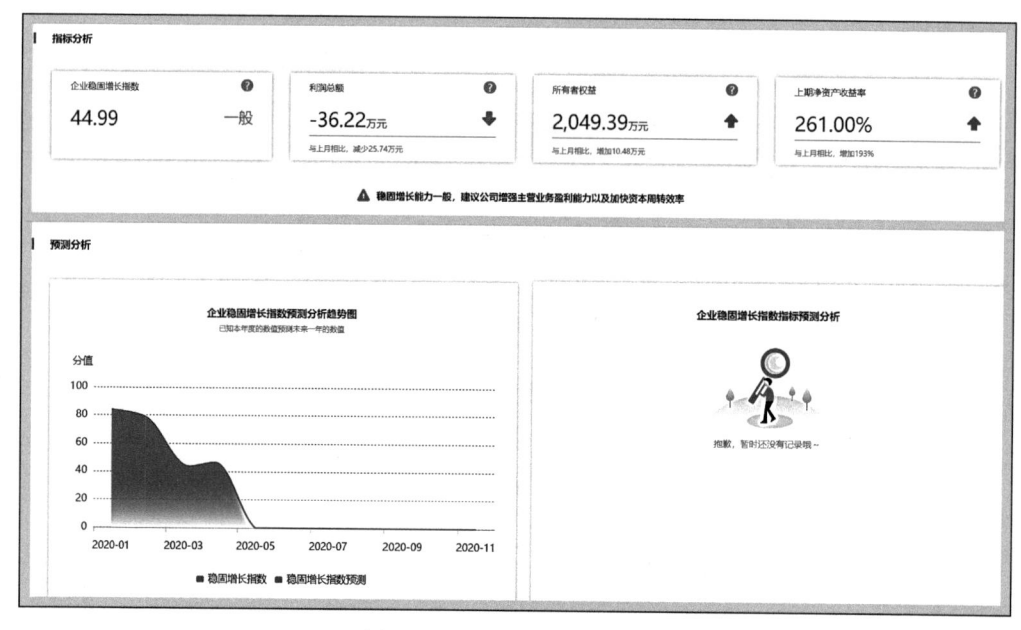

图 5-63 企业稳固增长指数

（1）显示的指标：企业稳固增长指数、利润总额、所有者权益、上期净资产收益率、主营业务利润率、主营利润增长率、主营收入增长率、营业收入、平均资产总额、上期资本周转率。部分指标说明如表 5-25 所示。

（2）企业稳固增长指数预测分析趋势图：可查看稳固增长指数和稳固增长指数预测。

（3）企业稳固增长指数指标预测分析：可查看利润总额、所有者权益、上期净资产收益率、主营业务利润、主营业务利润率。

表 5-25 企业稳固增长指数指标说明

指标	指标影响
企业稳固增长指数	企业稳固增长指数是评价稳定发展能力的指标，本模块从反映企业收益变化率、资本周转率等角度进行评价。反映企业收益增长的成长性指标。一般来讲，若企业净资产收益率大于 10%，且连续三年内保持增长，则企业的成长性较好
利润总额	利润总额是亏损总额的对称。企业在一定时期内通过生产经营活动所实现的最终财务成果。利润总额是衡量企业经营业绩的一项十分重要的经济指标
所有者权益	所有者权益是所有者享有的剩余权益，也称为净资产，代表了投资者企业净资产的所有权。所有者权益增加代表了企业的盈利增加

续表

指标	指标影响
上期净资产收益率	上期净资产收益率是净利润与平均股东权益的百分比,是公司税后利润除以净资产得到的百分比,该指标反映股东权益的收益水平,用以衡量公司运用自有资本的效率。指标值越高,说明投资带来的收益越高。该指标体现了自有资本获得净收益的能力
主营业务利润率	主营业务利润率是主营业务利润与主营业务收入的百分比。该指标越高,说明企业产品或商品定价科学,产品附加值高,营销策略得当,主营业务市场竞争力强,发展潜力大,获利水平高
主营收入增长率	主营收入增长率可以用来衡量企业的产品生命周期,判断公司发展所处的阶段。一般来说,如果主营业务业务收入增长率超过10%,说明公司产品处于成长期,将继续保持较好的增长势头,尚未面临产品更新的风险,属于成长型公司。如果主营业务收入增长率为5%~10%,说明公司产品已经进入稳定期,不久将进入衰退期,需要着手开发新产品。如果该比率低于5%,说明公司产品已经进入衰退期
上期资本周转率	上期资本周转率表示企业上期资金周转速度快,资金利用效果好

5.6.7 企业可持续上升指数

企业可持续上升指数如图 5-64 所示。

图 5-64 企业可持续上升指数

(1) 显示的指标:企业可持续上升指数、利润总额、平均资产总额、营业收入、所有者权益、净利润、应付股利。部分指标说明如表 5-26 所示。

(2) 企业可持续上升指数预测分析趋势图:可查看可持续上升指数和可持续上升指数预测。

（3）企业可持续上升指数指标预测分析：可查看利润总额、平均资产总额、营业收入、所有者权益。

表 5-26　企业可持续上升指数指标说明

指标	指标影响
平均资产总额	平均资产总额越低，表示企业资产总额年初数与年末数的平均值越低
净利润	净利润越低，企业经营效率越低
应付股利	应付股利越低，表示企业分配的现金股利或利润越低

5.6.8　经济社会贡献度

经济社会贡献度如图 5-65 所示。

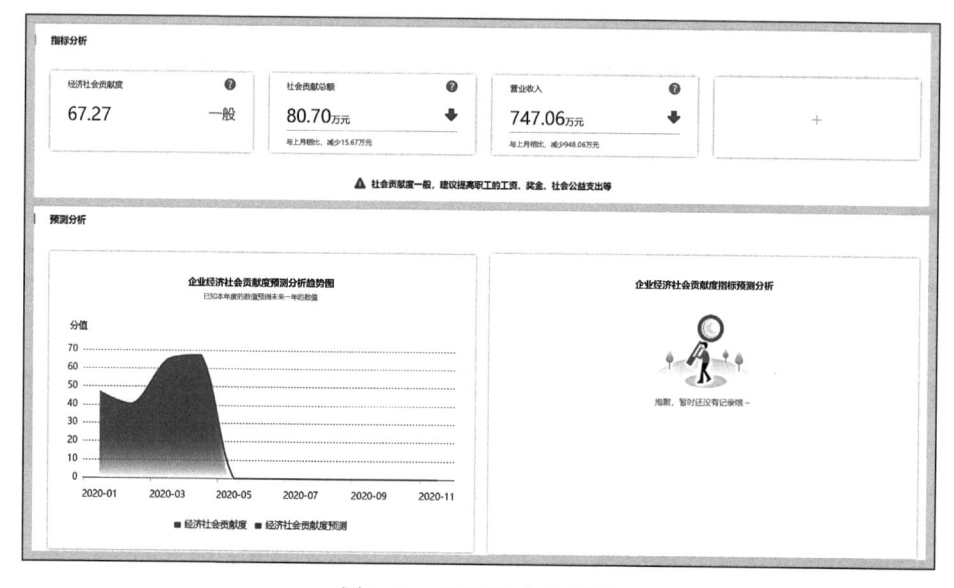

图 5-65　经济社会贡献度

（1）显示的指标：经济社会贡献度、社会贡献总额、营业收入。部分指标说明如表 5-27 所示。

（2）企业经济社会贡献度预测分析趋势图：可查看经济社会贡献度和经济社会贡献度预测。

（3）企业经济社会贡献度指标预测分析：可查看社会贡献总额、营业收入。

表 5-27　经济社会贡献度指标说明

指标	指标影响
社会贡献总额	企业社会贡献总额越低，表示企业为社会创造或支付价值的能力越低

5.6.9 企业活力指数

企业活力指数如图 5-66 所示。

图 5-66 企业活力指数

(1) 显示的指标：企业活力指数、纳税总额、上期纳税总额、营业收入、上期营业收入、员工人数、上期员工总数、招聘职位数量。部分指标说明如表 5-28 所示。

(2) 企业活力指数预测分析趋势图：可查看企业活力指数和企业活力指数预测。

(3) 企业环境影响指数指标预测分析：可查看纳税总额、上期纳税总额、营业收入和上期营业收入。

表 5-28 企业活力指数指标说明

指标	指标影响
企业活力指数	企业活力指数越低，表示企业的创业活跃度、社会贡献度、创新聚合度、环境满意度指数均减少
纳税总额	企业纳税总额越低表示企业全年实际交纳的所有税金之和越低
上期纳税总额	上期纳税总额越低表示企业上年实际交纳的所有税金之和越低
上期营业收入	企业上期营业收入越低，表示企业营业收入增长率越高
招聘职位数量	企业招聘职位数量越低，表示企业面试比例减少

5.6.10 分指标详情页

企业可持续发展能力指数分指标包括：企业环境影响指数、企业节能指数、企业新能源利用率、企业持续周转率、企业稳固增长指数、企业可持续上升指数、经济社会贡献度、企业活力指数。分指标详情页展示内容如下。

(1)指标分析：显示分指标当前月数值及用来衡量分指标的基础数据数值。

(2)预测分析：指数和分指标的基础数据项，根据历史数据进行预测，预测时间为未来 1~5 年(数据量足够)。指数预测以时间轴线图形式显示近半年的历史数据和未来半年的预测数据。分指标的基础数据项预测以正负条形图形式显示近半年的历史数据和未来半年的预测数据。

(3)排名分析：以柱状图形式显示同行业和不同行业基础数据排名。

(4)其他：计算分指标同比、环比，在基础数据上进行月对比，定性定量地给出总结性描述。

企业可持续发展能力指数分指标详情页如图 5-67 所示。

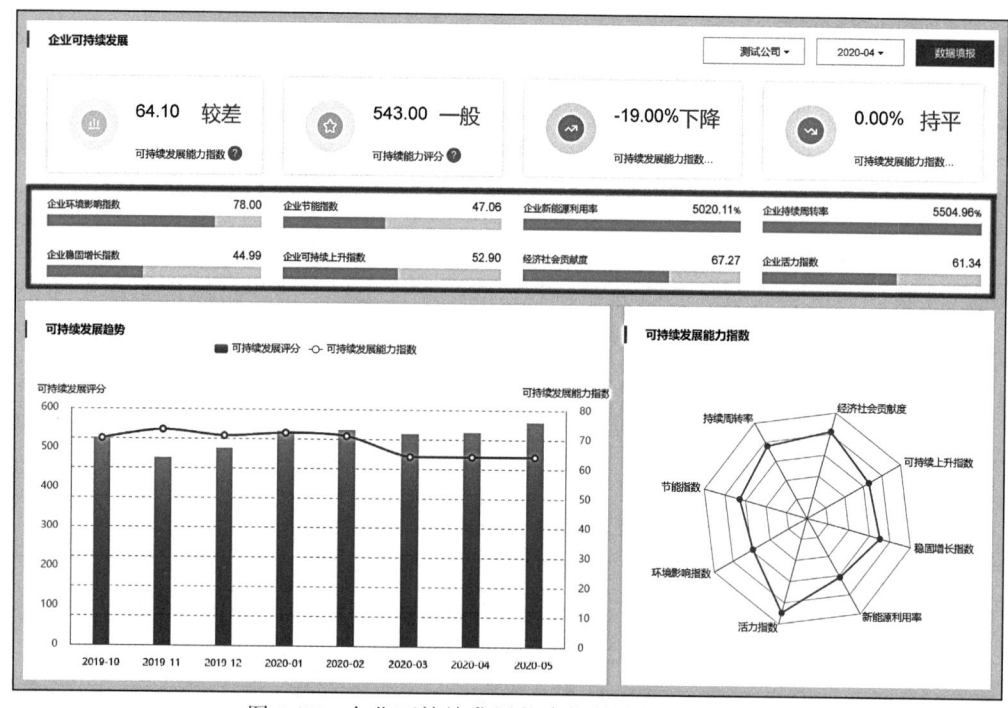

图 5-67 企业可持续发展能力指数分指标详情页

(5)指标优化按钮：单击跳转至"财务体系评价页"。

(6)指数说明按钮：单击弹出指数简介说明。

数据填报功能展示功能，如图 5-68 所示。

图 5-68　企业可持续发展能力指数数据填报页

(1) 数据填报：展示历史填报数据。

(2) 导入功能：首先下载模板，然后对模板数据进行修改，最后将模板导入系统即可，如图 5-69 所示。

(3) 导出功能：单击"导出"按钮，将导出该企业可持续发展的原始数据。

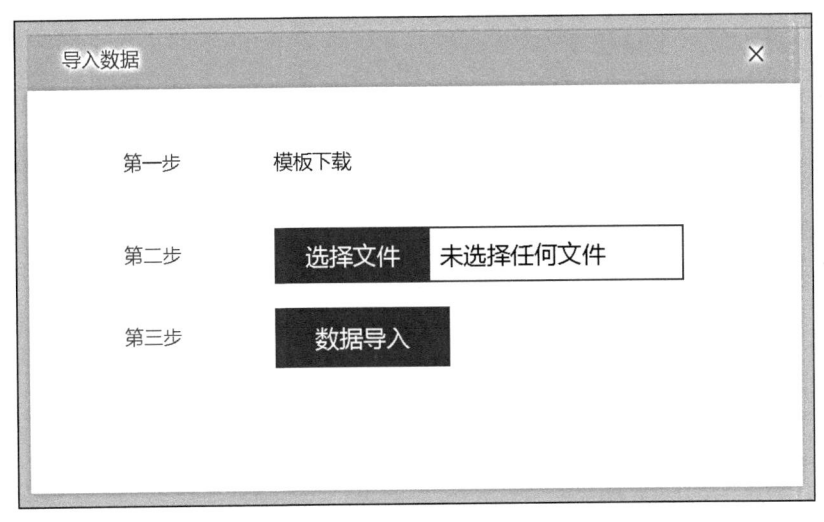

图 5-69　企业可持续发展能力指数数据填报导入页

5.6.11　业务流程

同行业和不同行业的配置，是根据企业所属行业进行配置，企业管理员首先要为选择归属行业。根据行业的不同，用户进行同行业企业和不同行业企业的筛选。

5.6.12 效果及意义

行业是由许多同类企业构成的群体。如果我们只进行企业分析,虽然可以知道某个企业的经营和财务状况,但不能知道其他同类企业的状况,无法通过比较知道企业在同行业中的位置。而这在充满着高度竞争的现代经济中是非常重要的。另外,行业所处生命周期的位置制约着或决定着企业的生存和发展。

第6章 企业大脑应用实例

航天云网科技发展有限责任公司(简称航天云网)是中国航天科工集团有限公司联合所属单位共同出资成立的高科技互联网企业,致力于构筑全球领先且自主可控的国家工业互联网技术体系、标准体系和产业体系,旨在打造我国制造强国、网络强国战略的支撑平台。从企业大脑的建设需求,以及航天云网的发展现状和战略来看,企业大脑面向公司内部先行上线试点,具有较为明显的优势和深刻的意义。

6.1 应用场景

对企业大脑自身的发展来说,因为航天云网建立了以平台总体架构、平台产品与服务、智能制造、工业大数据、网络与信息安全五大板块为核心的"1+4"发展体系,业务涉及工业制造、互联网平台、大数据服务等多个方面,同时集团下属各职能部门结构完整、分工合理。企业大脑依托 INDICS 平台上线,能够得到多样化的数据来源,并且在上线运营过程中可以不断地得到下级单位的反馈。通过这些反馈信息来优化产品路线,从而丰富产品功能,完善产品内容。同时,本次试点的环境也对企业大脑完成既定的商业模式建设路线十分有利,即首先完成集团内部企业的推广,构建和打造融合航天云网下属各企业部门的管理体系,然后以内部运营经验为依托对外部企业进行推广,内部不同规模和类型的企业试点案例也有利于在外部推广的过程中针对不同类型和规模的客户制定方案。

对航天云网的决策层和各部门来说,企业大脑契合云网的业务痛点:企业大脑的功能优势顺应公司战略发展理念,能够为公司和下属各企业的决策层提供决策分析。企业大脑内包含决策应用,能够采集云端业务工作室的数据并深度挖掘,显示各下级单位的数据,这些数据描述企业综合信息、关键资源、发展趋势;市场、客户、竞争对手信息;供应商、库存、生产质量管理信息,帮助航天云网迅速发现客户需求、外部环境和竞争对手的动态变化,使得公司的决策者做出及时准确的反应,大大地提升了决策效率。同时,公司决策层可以以公司的财务部门为核心,其余部门配合联动,对公司内各部门和各单位进行综合监测和预警分析。企业大脑还具备竞争分析功能,此功能用以实现各企业与其同行业、不同行业、竞争对手间的多维度对比分析。通过竞争分析对比,企业决策层可明确本公司在同行业、不同行业及竞争对手中的排名和所处的位置,找到与其他企业的差距与不足,在做出决策时,就能借鉴或参考其他相对较好的企业的优势,将公司的不足转化为优势项,全面提高自身在同行业的核心竞争地位。

6.2 实施方案

企业大脑在航天云网二级单位的应用过程中,五大指数的建立方案,如表 6-1 所示。

表 6-1 五大指数的建立方案

五大指数	采集工作	数据来源和采集形式	时间	应用结果
企业科技创新指数	采集证书信息、软件版权信息两项信息	使用 Excel 表格采集;数据来自航天云网的财务中心、党群人事部、纪法审部、科信部、市场部、智能制造部、计划部、安保部	2018.01~2019.05	用收集到的数据,通过企业大脑提供的算法模型和系统支持,建立了航天云网各二级单位的企业创新提升能力、企业新技术投入收益、企业创新总量,从而得到企业科技创新指数
企业健康管理指数	采集企业当月的规模值、各类资产和资本值、各类负债值、各类收入和利润、股权、各类合同数量、就业人数、团建频率等 28 个数据项	使用 Excel 表格采集;数据来自航天云网的财务中心、党群人事部、纪法审部、科信部、市场部、智能制造部、计划部、安保部	2018.01~2019.05	通过企业大脑提供的算法模型和系统支持,建立各单位的企业抗风险能力、企业持续增长度、企业态势评估指数、企业健康状态指数,得到企业健康管理指数
企业经营发展指数	收集企业当月各类利润、各类收入、各类利润率、库存、各类资产、各类支出、总体与平均员工数、工资等 12 个数据项	使用 Excel 表格采集;数据来自航天云网的财务中心、党群人事部、纪法审部、科信部、市场部、智能制造部、计划部、安保部	2018.01~2019.05	建立营业收入利润率、净资产收益率、技术进步投入占比、人均净资产、全员劳动生产率、两金占流动资产比重、工资产出比、资产负债率,得到企业经营发展指数
企业风险管控指数	收集企业当月总资产、总资产贡献、成本利润率、产品销售率、雇员数量、劳务调动比例 6 个数据	使用 Excel 表格采集;数据来自航天云网的财务中心、党群人事部、纪法审部、科信部、市场部、智能制造部、计划部、安保部	2018.01~2019.05	通过企业大脑提供的算法模型和系统支持,建立企业经营能力指数、供应链健壮指数、合同践约评估、涉税信用评估、风险态势评估、企业经营特质,得到企业风险管控指数
企业可持续指数	收集企业当月总资产、总资产贡献、成本利润率、产品销售率、雇员数量、劳务调动比例 6 个数据	使用 Excel 表格采集;数据来自航天云网的财务中心、党群人事部、纪法审部、科信部、市场部、智能制造部、计划部、安保部	2018.01~2019.05	通过企业大脑提供的算法模型和系统支持,建立企业环境影响指数、企业节能指数、企业新能源利用率、企业持续周转率、企业稳固增长指数、企业可持续上升指数、经济社会贡献度、企业活力指数,得到企业可持续发展指数

6.3 预 期 效 果

企业大脑预期最终能实现公司资源的合理调配，纵向穿透公司总部、二级单位、三级单位等全级次。通过计划管理和直达现场的管理，提高工作效率，有效合理地调度配置企业资源，进一步落实目标责任制，把资源精准落实到项目，落实到一线员工，提高资源调配效率和指向性。

(1) 企业大脑预期通过一系列量化指标使航天云网的管理人员能及时、准确地把握和调整企业发展方向，以增强战略落地效果。

(2) 企业大脑预期能够有效地提升航天云网的决策效率，五大可视化的直观指标可以使决策者做出及时准确的反应，帮助提高他们的决策效率，最终帮助经营管理层提高科学决策、组织协调、执行落实的能力。

(3) 企业大脑预期能够有效地降低企业管理成本，提高信息透明度，改变过去那种信息不通、情况不明、盲目决策、相互矛盾的现象，从而显著地降低企业管理成本。

附录1 名词解释

(1) 三类制造：智能制造、协同制造和云制造。

(2) 智能制造：将控制技术和机器逻辑引入制造过程，制造的体力劳动及人的智力劳动均得到一定程度的解放，实现生产线级乃至车间级的流水线自动化生产。

(3) 协同制造：将计算机网络技术、软件技术引入制造企业运行管理的内核之中，形成企业级乃至包括配套商、供应链和物流在内的协同制造体系。

(4) 云制造：运用大数据技术、人工智能技术以及互联网平台技术对制造业进行革命性改造所形成的一种全新制造形态。

(5) 工业互联网：能够支持工业企业智能制造、协同制造、云制造过程实现，支持企业智慧化运行，支持企业与用户从产品定制到售后服务的全程互动，支持企业间"信息互通、资源共享、能力协同、开放合作、互利共赢"的业务活动，支持"企业有组织、资源无边界，企业有产品、制造无限制，企业有规模、能力无约束，企业有销售、市场无障碍"生态形成的系统。

(6) 云制造产业集群生态：让制造业进一步专业化、分布化、社会化、智能化、协同化，简而言之，即实现制造业的云化改造。在实现制造业的云化改造过程中，完整独立的中小微企业将被迫或主动逐步压缩业务范围、减少管理职能、消减自成一体的生产性支撑机构，以工业互联网公共服务平台为依托，利用云制造产业集群生态提供的各种共享资源，形成深深植根于云制造产业集群生态、自身也是云制造产业集群生态一部分的新型企业。同时，积极加入云制造产业集群生态的大型、特大型制造企业，必将大幅削减那些并非自身强项、不具生态竞争力的业务和机构，以适应生态环境对于企业生存与发展的无形约束。

(7) 航天云网：采用 INDICS+CMSS 搭配，构建和涵养以工业互联网为基础的云制造产业集群生态，兼容智能制造、协同制造和云制造三种现代制造形态，运用大数据和人工智能技术以及第三方商业与金融资源，服务于制造业技术创新、商业模式创新和管理创新。其内在商业驱动力为 3M(省钱(to save money)、赚钱(to get money)、生钱(to make money))；其内在商业逻辑是促进技术创新、商业模式创新与企业管理创新关联互动，推动企业转型产业升级。

(8) CMSS：云制造支持系统(cloud manufacturing support system)，主要包括工业品营销与采购全流程服务支持系统、制造能力与生产性服务外协与协外全流程服务支持系统、企业间协同制造全流程支持系统、项目级和企业级智能制造全流程支持系统四个方面,采用"一脑一舱两室"(企业大脑、企业驾驶舱、云端业务工作室、云端应用工作室)的业务界面提供用户服务。企业大脑为科学决策层提供支撑和服务;企业驾驶舱为企业经营层管理提供服务;云端业务工作室为产供销提供集群化业务及周边业务提供支撑;云端应用工作室为定制、设计、研发、试验及售后技术服务提供支撑。

(9) INDICS:航天云网工业互联网空间(industrial internet cloud space)平台是以区块链、边缘计算、大数据智能、新一代人工智能技术等为核心的工业互联网开放空间,面向全球开发者、设备制造商和集成商以及合作伙伴提供全生命周期工业应用的开发、部署和运行环境。

(10) AOP(aerospace open platform):航天开放平台,是一套应用开发与运行支撑平台,为开发者提供一站式开发、部署运行环境;是一套以工业数据为驱动,以云计算、大数据、物联网、人工智能为核心技术,面向工业应用的开放平台;是 INDICS 平台的重要组成。

(11) API (application programming interface):支撑应用开发、应用部署及设备接入的程序接口。

(12) 工业 IoT(industrial internet of things):工业物联网,是指将具有感知、监控能力的各类采集或控制传感器,以及泛在技术、移动通信、智能分析等融入工业生产过程各环节,从而大幅地提高制造效率,改善产品质量,降低产品成本和资源消耗。

(13) CRP(cloud resource plan):云资源计划协同管理系统,是一套对企业间生产动态资源协同共享,并通过对资源的科学匹配、智能推荐开展企业内、跨企业有限产能高级排产的管理系统。通过有限产能高级排产实现对企业去库存、降成本和专业单元设备的有效利用,达到企业均衡生产的目的。

(14) CPDM(cloud product data management):跨企业协同设计的云端产品数据管理系统,主要包括多维项目管理、协同设计管理、产品数据管理、协同研讨与审签管理、技术状态管理、基础数据与工程资源管理、消息管理和云端设计及三维可视化等功能,支持跨部门、跨企业和跨地域的云端协同设计。

(15) CMES(cloud manufacture execution system):云制造执行系统,是利用云计算技术开发的针对企业生产制造过程管理和资源优化的集成运行系统,为企业提供生产计划、生产过程管控、质量管控、设备管理等日常管理业务解决方案,同时也为企业提供基于工业互联网的智能生产云服务,满足企业线上智能制造需求。通过线上与线下结合,为企业提供线上及工业现场整套智能制造解决方案。

(16) COSIM(collaborative simulation):面向多学科领域,支持高层体系结构,基于 XML/Web 中间件技术和仿真组件引擎技术,由多个子部件组成,具有通用性、开放性和可扩展性的建模、调试、运行、评估一体化的建模仿真环境。

(17)虚拟工厂：在云平台上构建与实际工厂中物理环境、生产能力和生产过程完全对应的虚拟制造系统，集成企业接入的各类制造信息，支持企业生产能力展示、产线规划仿真、车间生产监控管理等功能。

(18)IPv6(internet protocol version 6)：扩展互联网 IP 地址数量，满足更多设备需求，增加了安全性，但是不能改变已有的连接速度。IPv6 是互联网工程任务组(internet engineering task force，IETF)设计的用于替代现行版本 IP 协议(IPv4)的下一代 IP 协议。IPv4 最大的问题是网络地址资源有限，严重制约了互联网的应用和发展。IPv6 的使用不仅解决了网络地址资源数量有限的问题，而且也解决了多种接入设备连入互联网的障碍。

(19)人工智能：研究开发用于模拟、延伸和扩展人的智能的理论、方法、技术及应用系统的一门新的技术科学。

(20)区块链：一种公共记账的机制，通过建立一组互联网上的公共账本，由网络中的所有用户共同在账本上记账与核账，以保证信息的真实性和不可篡改性。区块链具有去中心化、去信任化、可扩展、匿名化、安全可靠等特点。

(21)边缘计算：在靠近物或数据源头的网络边缘侧，融合网络、计算、存储、应用核心能力的开放平台，就近提供边缘智能服务，满足行业数字化在敏捷连接、实时业务、数据优化、应用智能、安全与隐私保护等方面的关键需求。

(22)协作用户：通过发布需求、响应报价、进行优选、完成交易、质量认证等方式使用 INDICS 平台的用户。

(23)工业互联网指数：智能制造指数、协同制造指数和云制造指数。其中，智能制造指数反映制造企业智能化改造的进程与程度；协同制造指数由行业协同指数和跨域协同指数构成，反映制造企业在智能制造基础上依托互联网技术和并行工程的协同制造程度；云制造指数反映制造企业在协同制造基础上开展云制造业务的程度与广度。

附录2　产品及专业术语

(1) 企业大脑：企业决策支持系统，俗称企业大脑，英文为 enterprise decision support system，缩写为 EDSS。

(2) 企业驾驶舱：企业运行支持系统，俗称企业驾驶舱，英文为 enterprise operational support systems，缩写为 EOSS。

(3) 云端业务工作室：企业交易流程支持系统，俗称云端业务工作室，英文为 enterprise transaction process support system，缩写为 ETPSS。

(4) 云端应用工作室：企业制造过程支持系统，俗称云端应用工作室，英文为 enterprise manufacturing process support system，缩写为 EMPSS。

(5) 企业上云服务站：网络接入服务系统，俗称企业上云服务站，英文为 enterprise network access service system，缩写为 ENASS。

(6) 中小企业服务站：企业管理外包服务系统，俗称中小企业服务站，英文为 enterprise management outsourcing service system，缩写为 EMOSS。

(7) 数据淘金软件：价值挖掘服务系统，俗称数据淘金软件，英文为 data value mining service system，缩写为 DVMSS。

(8) 现金流量：现代理财学中的一个重要概念，是指企业在一定会计期间按照现金收付实现制，通过一定经济活动(包括经营活动、投资活动、筹资活动和非经常性项目)而产生的现金流入、现金流出及其总量情况的总称，即企业一定时期的现金和现金等价物流入和流出的数量。

(9) 收入利润率：企业实现的总利润对同期的销售收入的比率。收入利润率指标既可考核企业利润计划的完成情况，又可比较各企业之间和不同时期的经营管理水平，提高经济效益。收入利润率=利润总额/销售收入。

(10) 资产负债率：又称举债经营比率，用于衡量企业利用债权人提供资金进行经营活动的能力，以及反映债权人发放贷款安全程度的指标，通过将企业的负债总额与资产总额相比较得出，反映企业全部资产的负债比率。资产负债率=负债总额/资产总额×100%。

(11) 全员劳动生产率：根据产品的价值量指标计算的平均每一个从业人员在单位时间内的产品生产量。全员劳动生产率是考核企业经济活动的重要指标，是企业生产技术水平、经营管理水平、职工技术熟练程度和劳动积极性的综合表现。全员劳动生产率=工业增加值/全部从业人员平均人数。

（12）工资产出比：工资率是指单位时间内的劳动价格。工资率=单位劳动的产出，即 $w=Y/L$，因为劳动的投入一般只用时间来度量，所以也就是单位时间的报酬。工资产出比=人均劳动生产力/人均薪资×100%。

（13）净资产收益率：又称股东权益报酬率或净值报酬率或权益报酬率或权益利润率或净资产利润率，是净利润与平均股东权益的百分比，是公司税后利润除以净资产得到的百分比率。该指标反映股东权益的收益水平，用以衡量公司运用自有资本的效率。指标值越高，说明投资带来的收益越高。该指标体现了自有资本获得净收益的能力。净资产收益率=税后利润/所有者权益。

（14）周转率：周转率=销售成本/平均存货余额；货周转率(次数)=营业收入/存货平均余额(该式主要用于获利能力分析)。

参 考 文 献

陈宪宇, 2013. 大数据的商业价值[J]. 企业管理, (3): 108-110.

范晓东, 秦娜, 2016. 提升企业经营管理能力的有效策略探讨[J]. 河北企业, (4): 23-24.

冯俊华, 2006. 企业管理概论[M]. 北京: 化学工业出版社.

2018 年全球领导力展望报告（中国版）[EB/OL]. [2017-11-24]. https://www.docin.com/p-2110486481.html.

李红, 2018. 数字化转型企业核心能力再造[J]. 企业管理, (1): 104-106.

林琳, 吴淑燕, 林恩辉, 2018. 国内外工业互联网发展情况与展望[J]. 电信网技术, 286(4): 52-54.

刘鸿旭, 2015. 中小企业经营管理中的问题及对策[J]. 决策与信息, (7): 161-162.

刘力钢, 袁少锋, 2015. 大数据时代的企业战略思维特征[J]. 中州学刊, 217(1): 42-46.

刘涛, 杨雅清, 2017. 数字化时代企业组织的转型之路[J]. 信息通信技术, (2): 8-15.

刘洋, 2018. 企业内部的数据孤岛现象的内在成因和解决建议[J]. 信息系统工程, (4): 95-97.

马亮. 大数据临产业风口, 如何解读数据资产的商业价值[EB/OL]. [2015-10-23]. http://www.sohu.com/a/38164631_119556.

牛琦彬, 邓玉辉, 2006. 21世纪企业组织结构发展趋势分析[J]. 中国石油大学学报（社会科学版）, 22(1): 13-17.

沈恒超, 2019. 制造业数字化转型的难点与对策[J]. 变频器世界, (6): 44-46.

史玉洁, 2019. 管理进化, 为企业数字化赋能[J]. 企业管理, (2): 110-111.

数据资产大数据临产业风口, 该如何解读数据资产的商业价值？[EB/OL]. [2015-10-23]. http://www.sohu.com/a/38164631_119556.

万鹏鹏. 数据资产成为企业核心竞争力[EB/OL]. [2016-1-16]. https://www.jianshu.com/p/6fd38cd9df62.

王旭, 邵华清, 2016. 大数据时代下企业经营管理模式与发展研究[J]. 新经济, (6): 74-75.

肖俊宜, 叶龙, 杨绪红, 2004. 数字化管理下的企业信息传递模型与组织结构[J]. 科技与管理, (5): 107-109.

杨春立, 袁晓庆, 王刚, 等, 2019. 2019 年中国工业互联网平台发展形势展望[J]. 互联网经济, 47(3): 25-30.

张毅猷, 2018. 浅谈人工智能在企业财务管理中的应用[J]. 中国商论, (6): 16-17.

郑志昆, 2015. 大数据时代的企业信息化管理[J]. 电子技术与软件工程, (11): 224-225.

周茂君, 潘宁, 2018. 赋权与重构: 区块链技术对数据孤岛的破解[J]. 新闻与传播评论, 71(5): 59-68.

周庆荣, 2018. 人工智能在软件工程中的应用[J]. 电子技术与软件工程, (23): 249.

TalkingData. 如何破局大数据的"孤岛困境"[EB/OL]. [2017-11-24]. http://www.sohu.com/a/206335246_617676.